KB210690

부르짖는 기도의 비밀

하나님이 응답하시는 원초적 기도

부르짖는 기도의 비밀

송준기

규장

부르짖어 기도하고 있는가?

하행선

함박눈이 내렸다.

아직 오후인데 하늘이 어두웠다.

방학이 막 시작된 주말이라 길은 더 막혔다.

특히 고속도로 하행선은 길목마다 정체였다.

잠시 후 들어선 지방 국도는 한산했다.

속력을 내자 눈발이 차로 돌진했다.

헤드라이트에 반사된 눈송이들이

반짝이며 유리에 부딪혔다.

별 무리가 달려드는 것 같았다.

비현실적인 풍경, 마치 SF영화에서
다른 세계로 워프(warp)하는
우주선의 창밖 광경을 보는 것 같았다.
그리고 잠시 후.
나는 다른 세계에 도착한 듯했다.

15분

그곳에는 약 삼백 명의 청소년이 모여있었다.
한 연합집회였는데,
내가 요청받은 설교의 수련회 요절이
부르짖는 기도와 관련이 있었다.

너희는 다시 무서워하는

종의 영을 받지 아니하고

양자의 영을 받았으므로

우리가 아빠 아버지라고 부르짖느니라

롬 8:15

말씀은 1시간 정도 진행되었는데,
성령께서 조명해 주셔서 은혜가 넘쳤다.
집회 주최 측은 설교 후
15분 통성기도 인도를 부탁했다.

말씀을 토대로 준비해 간
기도 제목 세 개가 있었지만,
말씀을 전하는 사이에 마음이 바뀌었다.
말씀의 은혜로 촉촉이 젖어있는 청소년들에게
'부르짖는 기도'를 연습시켜주고 싶었다.

기도 제목을 적은 원고를 덮고
내게 주어진 15분을
하나님을 "아빠~"라고 부르짖기를
연습시키는 데 쓰기로 했다.
곧 기도회 인도가 시작되었다.

로마서 8장 15절

"우리는 조금 전 들은 말씀대로,
하나님의 자녀가 되었습니다.
그런 우리에게 부르짖는 특권이 생겼습니다.
창조주 하나님을 감히 '아빠'라고,
또 '아버지'라고 부르짖는 특권 말입니다.
오늘 성경 요절이 보여주는
'부르짖는다'라는 말은 간절한 구원의 호소이며
목청 높은 울음 같은 것입니다.
우리 이 시간에 하나님을 '아빠!'라고
부르짖는 기도를 함께해봅시다."

그곳의 청소년 대부분은
부르짖는 기도를 직접 해본 일이 없었다.
교회에서 어른들이 부르짖어 기도하는 걸
본 일은 있었다.
가끔 교회 기도회나 수련회 때
주변에서 통성기도 하는 걸 보며

간접 경험은 해봤다.
그러나 자신의 목소리로
직접 부르짖으며 기도한 적은 없었다.
왜 그렇게 해야 하는지 설명도 듣지 못했다.

내가 말을 이었다.
"문제는 어떻게 부르짖는 기도를 하는지
아직 잘 모른다는 거예요.
하지만 아무 염려 마세요.
제가 부르짖는 기도를 할 수 있도록
연습시켜줄 테니까요."

볼륨 10까지

"볼륨 1에서 10까지 단계가 있어요.
자, 내가 먼저 들려줄 테니까
잘 듣고 똑같이 따라 해보세요.
먼저 볼륨 1 갑니다."

나는 마이크를 입술에 붙이고
"아빠"라고 속삭였다.
이어 마이크를 청중에게 향하며 손짓하자,
아이들이 똑같이 따라서
속삭이듯 "아빠"를 불렀다.

"우와! 너무 똑같이 잘했어요.
이제 볼륨 2를 해볼 테니까
잘 듣고 한 번 더 따라 해보세요…."

이런 식으로 볼륨 5까지 갔을 때,
찬양팀이 무대로 올라왔고 반주가 시작되었다.

"어쩜 이렇게 순종을 잘하나요!
내가 만난 청소년 중에 여러분이
가장 똑같이 따라 하는 것 같아요!
하나님께서 순종하는 사람에게
이 시간 부르짖는 기도의 은혜를
더욱 부어주실 줄 믿습니다!"

찬양팀이 가세하자 순종의 온도도 뜨거워졌고,
청소년들은 이어 내가 제시한
볼륨 9까지도 잘 따라주었다.
그렇게 함께 부르짖어 기도하는 연습을 했고,
'볼륨 10'이라고 가정한
마지막 소리를 들려줄 차례가 되었다.

거룩한 함성

청소년들은 설교자의 요구대로 잘 따라주었다.
처음에는 작게 시작해 여러 단계에 거쳐
가장 큰 목소리를 내기까지 함께 발성했다.
연습의 마지막에 나는 셋을 센 후,
마이크를 청중에게 향했다.
삼백 명이 하나님을 향해 목청껏 외쳤다.

"아빠아~!"

마치 큰 군대의 함성 같았다.
아이들의 반복되는 부르짖음에
함께 앉아 있던 교사들이
여기저기서 흐느끼기 시작했다.
이전에 통성으로 함께 기도하지
못했던 것에 대한 아쉬움,
왜 부르짖어야 하는지 제대로 설명해주거나
연습시켜주지 못한 데 대한 미안함,
그리고 사랑하는 아이들의 입술로 직접 듣는
'아빠 하나님'의 외침에 대한
영적 감동이 뒤섞인 울음이었다.

무대 위에서 합심기도를 돕기 위해
연주 중이던 찬양인도자들도 울었다.
그들은 무대 위에서보다
훨씬 더 많은 시간을 무대 아래에서
아이들이 은혜받게 해달라고 기도해왔다.
부르짖는 아이들의 모습은
중보자들의 눈에 각별했다.

부르짖는 기도를 연습하던
아이들의 눈가도 촉촉했다.
하나님을 향해 난생처음
"아빠"라고 부르짖는 동안에
성령께서 그들에게 회개의 눈물을 주셨다.
말씀대로 순종하여 부르짖는 소리가
저마다의 심령을 두드리고 있었다.

성경대로

소리치고 울먹이며,
마지막 연습까지 마친 학생들을
나는 본격적인 부르짖음의 자리로 초대했다.

"우리는 광신도가 아닙니다!
다만 성경 말씀에 있는 그대로 따르는
정통 신앙인들입니다!
성경에 '부르짖어 기도하라'라고 나옵니다!

그래서 우리는 부르짖어 기도합니다!"
나는 로마서 말씀을 한 번 더 읽어준 후,
말을 이었다.

"오늘 말씀에
'아빠 아버지라고 부르짖는다'라고 쓰여있습니다.
우리는 하나님을 '아버지'라고 부르며
기도하는 소리를 이전에 들어본 적이 있습니다.
그런데 하나님을 '아빠!'라고 부르짖는 소리는
거의 못 들었습니다.
그래서 오늘은 '아빠'를 불러봤고,
이제 연습한 대로 기도하려고 합니다.
하나님께서 이미 우리에게
성령을 부어주고 계십니다.
기도할 수 있도록 연습도 시켜주시고,
마음도 준비시켜 주셨습니다.
이제 연습한 대로
부르짖으며 기도하려고 합니다.
준비되셨습니까?"

가슴이 뜨거워진 청소년들이
한목소리로 대답했다.

"네~~!!!"

그리고 부르짖는 기도를 시작했을 때,
그들은 연습한 대로 소리치기 시작했다.

"크고 길게 하나님을 향해
'아빠'라고 세 번 연달아 부르짖은 후,
오늘 들은 말씀대로
회개하며 기도하겠습니다!"

"아빠아~! 아빠아~~!! 아빠아~~~!!!"

부르짖는 기도의 비밀

나는 하나님의 부르심 가운데,
많은 교회에서 말씀을 전한다.
갈 때마다 무엇을 전할지
기도로 성령께 여쭙는다.
그런데 가는 곳에서
성령께서 부르짖는 기도를
가르치고 연습시키라는 감동을 주신다.
그동안 부르짖는 기도에 대한
설교만 수백 번 진행했다.
그 과정에서
나도 더욱 부르짖어 기도하게 되었다.

부르짖는 기도에는 영적 비밀들이 숨어있다.
무엇보다 부르짖는 기도는 성경적이다.
"부르짖는다"와 관련된 성구를 검색하면
약 220번이나 등장한다.
그들을 모아 하나씩 각 해당 장의

앞뒤 맥락을 살펴보면 일관성을 관찰할 수 있다.
그중 가장 대표적인 두 가지만 살펴보겠다.

우선, 부르짖는 기도는
원초적이고 기초적인 기도의 방법이다.
간절히 하나님의 구원만을 바라기에
앞뒤 없이 살려달라고 죽을힘을 다해
호소하는 상태를 하나님 앞에 보이는 방법이다.
하나님은 부르짖는 기도를 기뻐하신다.
이것은 구원하시는 하나님을 향한
경외의 예배이고 몰입이며, 사랑이자 믿음이다.

또한, 부르짖으라는
직접적이고도 반복적인 명령이 성경에 등장한다.
이것은 하나님이 잘 안 들리셔서
크게 기도하라는 뜻이 아니다.
부르짖어 기도하는 건 신앙 고백과 관련이 있다.
하나님을 향해 부르짖을 때,
누구보다 기도자 자신에게 가장 큰 유익이 있다.

성경에는 다 나온다.
어떻게 기도해야 하는가에 대한
대답 역시 나온다.
그중에서도 부르짖는 기도가 핵심이다.
부르짖는 기도를 강조하는 건
광신도가 아니라 성경이다.
하나님은 부르짖는 기도를
보여주시고, 명령하시고, 이에 응답하신다.

부르짖어 기도하고 있는가?

프롤로그

PART ① 왜 부르짖어 기도해야 해?

1 성경의 명령이니까 • 25

2 내 귀가 잘 안 들리니까 • 47

3 염려 대신 기도해야 하니까 • 59

4 하나님이 응답하시니까 • 76

5 영적 전투에서 매일 승리해야 하니까 • 98

PART ② 언제 부르짖어야 해?

1 불의와 우상 숭배가 있을 때 • 113

2 구원과 공급에 문제가 있을 때 • 121

3 개인의 문제를 해결해야 할 때 • 133

4 원망이 올라올 때 • 139

5 회개해야 할 때 • 148

6 기막힌 상황 속에 있을 때 • 158

7 예수님을 따라가야 할 때 • 164

PART ③ 어떻게 부르짖어야 해?

1 먼저 기도를 연습해야 해 • 177

2 기도로 힘차게 뻗어나가야 해 • 189

3 기도의 순서를 정해야 해 • 199

4 기도를 지속함으로써 집중해야 해 • 207

5 기도의 세 가지 함정을 경계해야 해 • 217

6 부르짖는 기도를 자녀에게 가르쳐야 해 • 231

에필로그

The Secret of Crying Prayer

PART 1

왜
부르짖어
기도해야 해?

1

성경의 명령이니까

너희가 내게 부르짖으며 내게 와서 기도하면

내가 너희들의 기도를 들을 것이요

렘 29:12

오산리, 어머니의 기도 훈련

매주 목요일 밤이면 나는 파주에 간다. 외부 집회 말씀 인도가 없는 한, 산 기도를 하기 위해서다. 조리읍 오산리에 있는 최자실 기념 금식 기도원이다. 그곳에는 부르짖는 기도가 오래 스며있다. 내가 어렸을 때, 어머니가 기도하시던 곳이어서 그렇다. 나도 거기서 사십 년간 기도해왔다.

주로 기도원 뒷산 공원묘지 중턱에서 부르짖는다. 거기 올라서면 매봉산과 명봉산이 보인다. 부르짖다 보면 이쪽 산 끝에서 저쪽 산 끝까지 하나님의 은혜의 통로가 열리는 것 같은 느낌이 들곤 한다.

매주 그 자리에는 다른 달이 뜬다. 크기와 위치가 바

꿰는 걸 보며 부르짖는다. 그럴 때면 이 땅에서 저 우주까지 기도의 대로가 뚫리는 느낌이다. 천사들이 이 땅에서 하늘 보좌로 기도의 향로를 들고 오르내리는 것 같은 공상을 하기도 한다.

어머니는 입덧이 심하셨다. 첫 아이가 들어서고 해산 당일까지 할 정도였다. 사과밖에는 거의 아무것도 잡수시지 못했다. 가난한 살림에 겹벌이를 뛰면서 먹지도 못해 고생이 심하셨다.

그러나 산에 올라 부르짖을 때면 온 세상을 다 가진 것 같다고 하셨다. 그때 경험을 토대로 어린 시절부터 내게도 부르짖는 기도 훈련을 시키셨다.
"준기야, 엄마처럼 해봐. '주여어~~~'."
그러면 나는 최대한 따라 했다.
"쮸여어~~~!"

어머니는 배에 힘을 주어 긴 호흡으로 힘차게 부르짖으라고 하셨다. 목으로 말고 배로 하라고, 한 번 부르짖은 후에 두 번은 못 할 것처럼 간절히 최선을 다해 외치라고 하셨다. 또 한번은 "주여"를 100번 연달아 외치는 훈련도 시키셨다. 반복되는 외침에 지쳐갈 때면 이런 말을 해주셨다.

"부르짖는 기도는 몸으로만 하는 게 아니야. 온 영혼으로 해야 해."

나는 이해가 안 가서 물었다.

"어떻게 해야 온 영혼으로 부르짖는 거예요?"

"엄마가 책에서 읽었는데, 상상력을 동원해서 기도해야 해."

"네? 상상하라고요?"

"그래, 마음으로 상상해야 해. 예를 들면, 네가 '주여'라고 간절하고 높고 길고 크게 외칠 때, 네 입에서부터 하늘 꼭대기까지 빛의 통로가 레이저 광선처럼 발사되어 뚫리고 있다는 상상을!"

나는 그대로 상상하며 기도했다. 어머니는 중간에 다시 알려주셨다.

"잘했어. 이번에는 네 마음을 다해서 기도해야 해. 올려 드리고 싶은 기도 내용을 모두 '주여'라는 외침 속에 욱여넣는다고 생각하면서 더욱 길게 부르짖어봐."

미신적일까?

어머니의 기도 훈련은 효과적이었다. 어려서부터 부르짖는 기도가 내 몸에 뱄다. 조용히 기도하라면 어색할 정도였다. 나는 통성 기도회 시간을 기다리는 아이로 자랐다. 그런데 많은 경우, 소리쳐 기도하는 모습은 문제가 되었다. 특히 교회 기도회 때 제재당하기 일쑤였다.

한번은 새벽기도회에 어머니의 부르짖음이 문제가 되었다. 이사를 자주 해서 출석교회도 같이 바뀌었다. 당시 '판자촌'이라는 곳에서 무허가 건물을 전전했다(1980년대 초 형성된 판자촌, 산동네, 무허가 건물들이 많았다).

마침 1988년 서울 올림픽 준비로 산동네마다 재개발이 되어, 우리는 이사를 또 해야 했다. 초등학교에 다니는 육 년간 스무 번이나 전학을 다녀야 했을 정도였다. 그렇게 이사하는 동안, 산동네 교회들도 많이 개척되었다 사라지곤 했다.

모교회를 잃거나 이사로 교회를 옮길 때마다 우리 모자(母子)는 환영받지 못했다. 외모가 허름한 탓도 있었지만, 더 큰 문제는 통성 기도였다. 지나치게 울부짖었다. 그래서 엄마와 아들 둘 다 광신도 취급을 받았다.

한번은 교회 기도실에서 어머니가 어린 나를 안고 울부짖어 기도하고 계셨다. 전도사님이 와서 난처해하며 좀 조용히 기도해달라고 했다. 그때 내 어머니는 더욱 악을 쓰며 소리쳐 답하셨다.

"지금, 사람이 죽을 지경인데 내가 조용하게 생겼어요?!"

이후 우리는 여러 이유로 교회를 옮겨야 했다. 그 과정에서 부르짖어 기도하는 것을 사람들이 싫어한다는 걸 알았다. 그때부터 나는 기도를 멈췄다. 더 이상 어머니의 교육을 믿지 않았다. 다수결을 따르겠다는 본능의 결정이 어머니의 오랜 기도 학습을 무력화했다. 어머니는 여전히 상황이나 반응을 뛰어넘어 어디서든 부르짖어 기도하셨지만, 나는 달랐다.

나는 여러 교회를 전전하며 탈 교육했다. 자연스럽게 사회 심리적 학습이 되었다. 교회에서 누가 부르짖지 말라고 직접 말하지는 않았지만 부르짖는 기도에 대한 부정적 반응을 살피는 동안, 나는 재사회화 되었다.

부르짖음은 비이성적이고, 광신도적이며, 미친 짓이라는 새로운 인식이 자리잡았다. 그로부터 수년이 흘렀다.

우는 할아버지

중학생이 된 나는 영양실조와 결핵, 그리고 늑막염을 앓았다. 공기 좋은 곳에 살아야 한다는 의사의 조언에 따라 어머니 고향인 전주로 이사했다. 학교도 안 가고 집에서 육 개월쯤 쉰 나는, 다시 교회를 찾았다.

전주시 완산구 화산동(현재 중화산동) 산꼭대기에 있는 교회 십자가가 눈에 띄었다. 엄마 따라다닐 때 오산리에서 본 산 위 십자가 네온사인 비슷해서 눈길을 사로잡은 것 같다.

연탄불을 갈기 위해 엄마 대신 여동생과 함께 일어난 새벽 3시, 여동생에게 말했다.

"오이야, 우리 저기 가볼까?"

동생 이름은 '보희'였는데, 난 놀리느라 발음이 비슷한 '오이'라고 부르곤 했다. 여동생 손을 잡고 산꼭대기 교회에 올랐다. 교회 마당에 도착하기도 전에 기도 소리가 들렸다.

어떤 할아버지가 교회 1층 예배실 강대상 아래서 울며 외쳐 기도하는 중이셨다. 우리도 그곳에 들어가서 기도했다. 기도하다 보니 예배실 불이 켜졌고, 곧 새벽기도가 시작되었다. 기도하시던 할아버지가 강대상에서 말씀을 전하셨다. 놀랍게도 울며불며 기도하던 분이 담임목사님이셨다.

목사님은 서울 교회 목사님들과 달랐다. 연세도 더 높아 보였고, 양복도 안 입으셨고, 무엇보다 처절하게 울며 기도하시는 모습이 달랐다. 여동생과 나는 그 교회에 어머니를 모시고 갔다. 거기는 실컷 울어도 되는 교회였다.

이후 우리 남매는 목사님께 기도에 대해 이것저것 많이 물었다. 한번은 부르짖는 기도에 대해 여쭈었다.

"목사님. 우리 엄마는요, 기도를 안 하고 계속 울어요. 그것도 기도예요?"

목사님은 대답 대신 미소를 지으셨다. 그러고는 우리 남매를 위한 축복기도를 아주 세게 해주셨다. 그때 나는 부르짖는 기도를 회복했다. 어머니뿐 아니라 교회 목사님도 인정하시는 기도라니 믿을만하다고 생각했다.

지극히 성경적인 기도

이후로 다시 수십 년이 지났다. 오랜 기도가 묻어 있는 오산리 산꼭대기에 올라서면 마치 하늘 문이 열리는 듯하다. 어린 시절, 가난한 어머니가 국방색 담요로 나를 감싸 안고 오르시던 그곳에는 부르짖는 기도 소리가 가득하다. 실제로 많은 기도꾼의 성지 같은 곳이기도 하지만, 내 기억 속의 소리가 커서 더 그렇다.

내게 오산리 기도원은 특별하다. 기도 학습의 추억이 살아나는 거룩한 곳이다. 내 어머니의 부르짖는 목소리가 들리는 것 같다. 그곳에 다시 올라서는 나는, 마흔일곱의 목사다. 무분별한 '사회적 동조'에 휘둘리는 어린 아이가 아니라 성경 지식에 근거한 판단이 생긴 어른이 되었다.

내게는 부르짖는 기도에 대한 사회적 동의보다 더 중요한 근거가 있다. 그것은 함께 울며 기도해주시던 시골 교회 목사님, 성경적 목양자였던 그 분이다. 몸으로 보여주신 기도 스승.

귀로 듣거나 머리로 이해한 배움은 오래 가지 못한다고 철학자 순자(荀子)가 말했다. 진정한 배움은 동참하는 거다. 참된 지식은 함께할 때 전수된다.

성경은 기도에 대해 상세하다

기도는 성경의 중심 주제 중 하나다. 이들을 숫자로 적어 보면 더욱 와닿는다. 하나님께서 죄인에게 대화를 먼저 시작하신 걸 제외하면(창 3:8-13, 4:9), 성경에는 650번의 기도 장면이 등장한다(Herbert Lockyer, 《All Prayers Bible》). 그중 하나님께서 기도에 응답하셨다는 내용은

450번 나온다.

기도에 대한 기록 중 가장 신비한 것은, 예수님의 기도이다. 그분은 하나님이시기에 기도할 필요가 없으셨다. 그런데도 '심한 통곡과 눈물로' 기도하시는 모습을 통해 기도의 모범을 보이셨다(히 5:7). 성경이 이렇게 기도를 강조할 뿐 아니라, 예수님의 기도 모범까지 보여주신 이유는 무엇일까?

예수님의 모범으로부터 이어온 기도 전통 역시 성경에 반복하여 등장한다. 우선, 예수님의 공생애 기간에 기록된 기도는 25번이다. 예수님의 제자들은 성령 강림 이후, 기도에 집중하는 모범을 보인다(행 6:4). 또한 이방인을 위한 선교사이며 선교적 교회 개척자인 사도 바울의 기도 언급은 신약에 41번 등장한다.

기도. 기록 횟수도 압도적이지만, 그 내용이나 방법도 상세하다. 우선, 무엇을 기도해야 하는지 구체적이다. 이는 예수님이 가르쳐주신 기도에 가장 잘 드러난다(눅 11:1-4). 다양한 방법에 대한 설명도 상세한데, 그중 간략히 몇 가지만 살펴보자.

믿음의 기도, 동의의 기도, 예배와 찬양의 기도, 감사의 기도, 회개의 기도, 서원의 기도, 잠잠한 기도, 헌신의 기도, 중보의 기도··· (약 5:15, 행 2:42, 13:2,3 ; 시 25:18, 62:1,5, 136:1-26, 148:13 ; 삼상 1:10,11, 마 26:39, 딤전 2:1).

기도 자세도 상세히 기록한다. 어떤 자세로든 가능하지만, 특히 다섯 가지 자세를 더욱 강조한다. 앉기, 서기, 무릎 꿇기, 땅에 얼굴 대기, 그리고 손들기(삼하 7:18, 막 11:25, 14:35 ; 단 6:10, 눅 22:41, 엡 3:15, 마 26:39, 딤전 2:8).

성경은 기도에 대해 강조할 뿐 아니라, 무엇을 어떻게 기도해야 하는지 자세히 설명한다.

성경이 강조한 기도

성경에서 가장 빈번히 언급하며 강조하는 기도 방법은 따로 있다. 바로 '부르짖는' 기도다. 여러 기도의 모습 중 부르짖는 기도를 확실히 강조한다. 그래서 이 기도에 대해 220번이나 기록한다. 어떤 주제를 성경에 단 한 번만 기록해도 매우 중요한데, 기도에 대한 기록 대부분이 부르짖는 기도에 대해 보여주고 있다니!

빈번한 등장은 성경 독자인 우리에게 잊지 말라고 호소하는 거다. 예를 들어, 빨강 신호에 자꾸 길을 건너려는 유치원생 자녀가 있다면, 아빠는 이렇게 반복할 것이다.

"길 조심해라! 신호등이 빨간불로 바뀌면 절대 건너면 안 된다!"

마찬가지로, 성경이 부르짖는 기도를 반복하는 건 우리가 부르짖어 기도하지 않음에 대한 강조다. 동시에 꼭 부르짖어 기도해야 함을 강조하는 거다. 부르짖는 기도는 매우 중요한데, 우리가 그 중요성을 쉽게 잊는 기도법이라는 거다. 그래서 성경은 우리에게 절대 잊으면 안 된다고 말하고 또 한다.

한국 교회의 부르짖는 기도 전통

부르짖는 기도는 성경이 우리에게 보여주는 기도 방법 중 가장 대표적이다. 이는 신앙생활에 있어서 성경적

일 뿐 아니라, 매우 중요한 주제다.

자랑스럽게도, 부르짖는 기도는 한국의 신앙 전통 중 하나다. 나는 지난 십 년간 많은 교회에 방문했다. 어느 교회에서 말씀 집회를 인도하든지 시작과 끝은 반드시 '통성 기도'로 한다. 그리고 사람들은 약속이라도 한 듯 부르짖어 기도한다.

한국 교회는 부르짖어 기도하는 교회다. 매일 새벽, 금요일 밤, 주일 오후 말씀 들은 후에도 대부분의 교회 순서에 큰 소리로 외쳐 기도하는 합심 기도회를 포함한다.

한국 교회는 이천 년 교회사에 유례 없는 부흥을 경험했다. 많은 동서양의 목회자와 선교사가 입을 모아 그 근거가 한국 신앙인의 '열정적인 통성 기도'일 거라고 추론한다. 그도 그럴 것이 대부분의 한국 교회 예배에는 부르짖어 기도하는 순서가 있다.

해외에서 디아스포라를 이루는 한인교회들도 통성 기도회를 진행한다. 그들은 부르짖어 기도하며 교회를 개척했다. 그 모습은 개척 과정에도 지속되었다. 이를 지켜본 현지인들은 열정적 기도를 한국 교회의 남다른 특징으로 인식했다.

한국 근현대사는 상처로 얼룩져 있었다. 조선 말기 관리들이 자행한 민중 수탈로 거의 모든 백성이 먹고사는 것조차 어려웠다. 이후 몰아닥친 일제 압제하에서는 양식과 함께 양동이나 농기구 같은 기본 생활 도구마저 빼앗겼다.

해방 이후는 달라졌는가? 공산당의 남침으로 그나마 있던 식기류와 생활의 터전마저 잃었다. 전후(戰後)에는 정치 사상적 충돌, 리더십과 경제 체제의 부패와 혼란, 일반 시민의 냉소와 분열, 회의와 퇴폐… 그야말로 생과 사의 경계에서 살려달라 아우성쳐야 할 사건의 연속이었다.

이때 예수님을 구원자로 믿는 사람들은 하늘 아버지께 살려달라고 소리쳤다. 물에 빠져 죽기 직전의 사람처럼 외쳐댔다. 전쟁 직후, 크리스천들은 피난촌 산동네마다 거적이라도 깔고 모여 기도했다. 그들은 잠잠할 수 없었다. 살길이 없어서 살려달라고 소리를 질렀다.

병원도, 약국도, 의료보험도 없던 시절부터 한국 교회의 환자들과 그 가족은 살려달라고 예수님의 이름으로 부르짖었다. 자녀의 학교 교육은커녕 먹고 살길도 없던 부모들도 부르짖었다. 새벽이면 가난한 엄마들이 동네 뒷산에 올라가서 제 자식 살려달라고 부르짖고 또 부르짖었다.

목사들도 부르짖었다. 공적 냉소와 사적 정열이 뒤섞인 부패의 현대사 혼돈기, 개척의 소명을 품은 목사들은 한국에 교회가 일어날 것과 나라의 선진국화를 위해 부르짖어 기도했다.

기도하는 목사 옆에는 기도하는 성도가 있었다. 한때 한국 교회 대부분이 개척교회였다. 거기서 하루 5시간씩 부르짖어 기도하는 목사와 3시간씩 부르짖어 기도하는 성도가 흔했다. 모이면 무조건 부르짖었다.

한국에 소망이 없으니 예수께서 교회 담임목사가 되어주시고, 각 가정의 가장이 되어주시고, 이 나라의 대통령과 정치가도 되어달라고 힘을 모아 부르짖었다. 살길이 없는 개인과 사회와 국가를 위해 기도했다. 그렇게 한 세기를 지내는 사이, 부르짖는 기도는 한국 교회의 전통으로 자리 잡았다.

부르짖는 기도를 잊은 세대

부르짖는 기도는 성경적이고, 중요하며, 교회사뿐 아니라 한국 교회의 전통인데 우리는 이 기도를 잊었다. 더 이상 부르짖어 기도하지 않는다.

집회 시간에 말씀 인도를 마치면, 해당 교회의 기도 인도자 목사님이 등장하여 기도회를 인도한다. 그런데 내가 만난 대부분의 기도 인도자는 기도 제목을 말하는 데 5분 정도 할애하고, 정작 함께 기도할 시간은 30초도 주지 않았다. 부르짖어 기도하자고 하는 사람조차 평소에 부르짖어 기도하지 않는 모습이 강대상 위에서 고스란히 드러났다.

대부분의 담임목회자도 평소 기도하지 않는다. 그들은 묵상이나 생각으로 아주 적은 시간을 기도한다. 더 많은 시간은 목회 프로그램의 방법론을 찾거나, 취미 활

동을 하거나, 설교를 준비하기 위해 참고 서적을 읽는데 보낸다. 한국전쟁 직후, 교회 개척자들 대부분이 매일 기도 시간을 정해놓고 전심으로 부르짖는 기도에 매진했던 모습과는 큰 차이가 있다.

그분 아니라 크리스천 대부분이 평소에 기도에 힘쓰지 않는다. 내가 다녀본 교회 중 기도를 가장 강조하는 교회에서 '하루 1시간 기도 운동'을 하고 있었다. 모든 성도가 하루에 단 1시간만 해도 기도를 많이 하는 교회에 속하는 시대가 되었다.

기도가 식은 시대, 부르짖어 기도하는 걸 이상하게 생각하는 시대, '기도 운동'이라도 일으켜야 하루 단 1시간의 기도라도 할 수 있는 시대. 우리는 기도를 잊어가는 전환점에 선 세대가 되었다.

부르짖어 기도하지 않으면 많은 어려움이 뒤따른다. 신앙적 문제와 함께 실질적 손해가 있다. 가령, 예수님은 기도하지 않을 때 시험에 들게 된다고 말씀하셨다 (마 26:41). 개인의 영역은 뒤에서 다루기로 하고, 여기서는 교회의 어려움을 말하려 한다. 부르짖어 기도하지 않으면 다음 세 가지 신학적 문제가 드러난다.

첫째, 반성경적이다.

앞서 살펴본 것처럼 성경은 기도와 부르짖는 기도를 강조한다. 부르짖는 기도는 단순히 문화적 특이점 같은 게 아니다. 각 교단의 신학적 해석의 차이로 인한 하나의 기도 모습도 아니다.

부르짖는 기도는 성경적 요구이자 강조이며, 명령이다. 만약 우리가 부르짖어 기도하기를 멈춘다면 성경을 반대하거나, 무시하거나, 잘못 해석하는 거다.

둘째, 반소명적이다.

크리스천에게는 예수님을 따라야 하는 1차 소명이 있다. 성경에 등장하는 예수님이 누구신지를 확인하고, 그대로 따라야 한다. 이때 예수님을 따르는 일에 반대되는 자기 기준이나 사사로운 경험은 부인해야 한다(막 8:34).

성경에 보면 예수님도 부르짖어 기도하셨다. 그분은 우리의 기도 생활에서도 모범이 되신다. 우리는 말씀에 있는 대로 그분을 따라야 한다. 만약 우리가 크리스천이

기를 자부하면서 기도하는 모습만큼은 개인의 기준이
나 경험에 근거해서 따른다면, 소명을 어기는 게 된다.

셋째, 반전통적이다.

예를 들어, 잠언 말씀에 "옛 지계석을 옮기지 말라"라
고 하셨다(잠 22:28). 이는 1차로 경제적 정직성에 대한 요
구다. 정확한 측량 방법이 없던 시대에 선조가 세워 둔
경계석을 멋대로 옮겨버림으로써 이득을 취하지 말라
는 뜻이다.

성경 말씀은 입체적이다. 이 요절은 2차로는 '전통'에
대한 말씀이다. 신앙 선배들이 세워 둔 신앙 전통이라는
옛 지계석에는 이유가 있었다. 그것을 사사로이 옮기는
건 전통을 무시하는 거다.

한국 교회가 세운 옛 지계석은 부르짖어 기도하는 일
에 온 교회가 힘쓰는 거다. 담임목사는 하루 5시간, 교
회 직분자는 하루 3시간, 그리고 새신자는 하루 1시간씩
부르짖어 기도하는 전통. 교회 기도실과 각 가정의 골
방, 그리고 뒷산 높은 곳 인적 드문 나무 아래와 바위 위
에서 부르짖어 기도하는 전통이 우리의 자랑스러운 옛

지계석이다.

정신을 차리고 기도하라

우리는 부르짖어 기도하는 성경적 기도꾼을 맨눈으로 관찰 중인 마지막 세대다. 제자화는 교실에서 진행되는 지식 전달이 아니다. 이 책을 보면서 떠오르는 부르짖는 기도꾼 선배가 있는 사람은 알 것이다. 보고 배운 게 오래 남고, 다음세대로 전수도 된다.

우리는 과거 어느 때보다 부르짖는 기도에 힘써야 한다. 지금은 복음 전파는커녕 개인 신앙 지키기도 힘든 시대기 때문이다. 모든 게 분초 단위로 급변하며 새롭게 해결해야 하는 문제들이 차고 넘친다. 인구는 그새 80억에 육박해 지구 폭발 직전이고, 성경을 무시하는 비관론자들에 의한 기술개발과 지도력 획득은 역사적 특이점을 향해 치닫고 있다.

뉴스를 볼 때마다 마태복음 24장에서 예수님이 말씀하신 마지막 세대의 징조를 확인한다. 끝까지 믿음을 지키며 복음을 전파하여 세상 모든 민족을 제자 삼고, 예수님의 재림을 준비해야 하는 우리다. 마가복음 9장에서 예수님이 대답하신 것처럼 기도 외에 이런 종류가 나갈 수 없다(막 9:29).

21세기는 과거 어느 시점보다도 기도를 회복하고, 기도에 전념해야 할 때다. 우리에게는 성경이 가장 빈번히 강조하는 이 부르짖는 기도를 되찾아야 하는 역사적 소명이 있다.

만물의 마지막이 가까이 왔으니

그러므로 너희는 정신을 차리고 근신하여 기도하라

벧전 4:7

2

내 귀가 잘 안 들리니까

내가 내 음성으로 하나님께 부르짖으리니
내 음성으로 하나님께 부르짖으면
내게 귀를 기울이시리로다

시 77:1

소란

    수년 전 겨울, 한 부흥 집회에 초대받아 말씀을 전했다. 집회장은 이천 명을 수용할 수 있는 크기였다. 본문은 호세아서의 한 부분이었다. 우리가 하나님 앞에 영적으로 음란하다는 고발이 이어지며 회개를 촉구하고 있었다.

    그러던 중 청중석 맨 끝자리쯤에서 소란이 일었다. 한 청년이 일어나서 흥분하여 떠들어댔다. 집회를 섬기던 스태프 두 명이 황급히 달려가 제지했고, 청중은 웅성거렸다. 뒷자리가 잘 안 보이는 사람들이 하나둘 자리에서 일어나 무슨 일인지 살펴보려 고개를 빼 들었다. 강대상에서도 잘 보이진 않았지만 아마도 귀신 들려 날뛰는 사람이 있는 듯했다.

내가 설교를 잠시 중단하자, 다섯 명의 스태프가 더 달려갔다. 그들은 집회 설교가 중단된 것에 난처해하며 그 청년을 여럿이서 안아 올려 바깥으로 나갔다. 나는 그 모습을 멀리서 보며 심란했다. 설교를 이어서 해야 할지, 따라가서 귀신을 내쫓아야 할지 고민이 되었다. 양자택일 앞에 선 내게 5분 같은 5초가 흘렀다. 결국, 설교를 다시 이어갔다.

말씀을 마치며 회개를 촉구하는 통성 기도회를 열었다. 나는 기도 제목 몇 가지를 알리고 찬양팀을 강단 위로 초대한 후에 좀 전에 끌려 나간 청년에게 다녀올 요량이었다. 청중에게 20분간 찬양 반주에 맞춰 계속 기도하길 부탁하고 강단에서 내려왔다.

그리고 본당 뒤편으로 뛰어가 거기 서 있는 한 스태프에게 물었다.

"아까 그 청년을 어디로 데려갔는지 아세요?"

그는 서둘러 나를 안내해주었다. 우리는 함께 청년이 있는 곳으로 뛰어갔다. 본당 건물 앞 주차장을 가로질러 숙소 건물 1층 로비에 도착했다. 그곳에서는 이미 통성 기도회가 진행 중이었다.

그 청년의 이름은 수호(가명)였다. 대학교 2학년이고 교회 청년부 회장이라고 했다. 그가 가운데 있었고, 스태프 다섯 명과 목사님 두 분, 그리고 숙소 건물로 따라오신 권사님 두 분이 함께 축귀(逐鬼) 기도를 하고 있었다.

의자에 앉은 수호 뒤로 두 목사님이 그의 어깨와 머리에 손을 올리고 큰 목소리로 기도 중이었다. 그리고 주변에서 스태프들과 권사님들이 합심 기도로 조력했다.

그렇게 5분쯤 지났을까, 수호는 여전히 귀신 들린 상태인데 그를 위한 기도 소리가 잦아들었다. 수호는 시끄러웠고, 기도자들 사이에는 잠시 침묵이 흘렀다. 두 목사님은 어떻게 해야 할지 몰라 주저했다. 그중 연장자로 보이는 한 분이 나서서 대표 기도를 시작했다. 조금 전의 축귀 통성 기도로 그는 갈라진 목소리로 연신 기침을 해대며 기도를 이어갔다.

그렇게 합심 기도와 대표 기도까지 마쳤는데도 청년의 상태는 전혀 나아지지 않았다. 오히려 소름 끼치는 목소리로 대표 기도를 한 목사님에게 호통쳤다.

"김 목사(가명), 나는 네가 어디서 뭔 짓을 하고 돌아 다니는지 다 알아! 너 따위가 나를 쫓아낼 수 있을 것 같아?"

그 목소리는 앙칼지고 귀에 거슬렸다. 김 목사님은 깜짝 놀라 더욱 힘을 내서 큰 소리로 축귀를 재개했다. 함께 있던 사람들의 합심 기도 소리도 더욱 높아갔다.

축귀

그렇게 한차례 기도를 한 후에 내가 기도할 차례가 되었다. 수호는 설교자를 알아보았는지 기도를 시작하기도 전에 갑자기 아는 척을 했다.

"이히히… 아이고, 우리 송 목사 왔어?"

나는 무시하며 기도하려고 그에게 가까이 다가섰다. 그런데 안수하려고 손을 뻗는 순간, 수호가 갑자기 내 손을 뿌리치더니 김 목사님에게 달려가 안겼다. 그리고 또 소름 끼치는 목소리로 어리광을 피우듯 말했다.

"어형… 목사님, 나 무서워요. 제가 잘못했어요. 이제 집에 갈래요. 저 좀 데려다주세요."

그건 수호의 목소리가 아니었다. 그러나 김 목사님은 당황하며 그를 집에 데려다주겠다며 어르고 달랬다. 나는 귀신의 속임수임을 알기에 그대로 둘 수 없어서 수호의 손과 어깨를 잡으며 김 목사님에게서 그를 떼어냈다. 그리고 축귀를 이어서 했다.

"내가 나사렛 주 예수의 이름으로 명하노니…"

갑자기 수호가 아까 한 말을 했다.

"송 목사! 어디서 행패야? 네가 뭔데? 나는 네가 어디서 뭔 짓을 하고 다니는지 다 알아!"

그가 김 목사에게 말하는 걸 들었을 때, 난 이미 할 말을 생각해두었다. 그에게 가까이 가서 속삭이듯 답했다.

"수호를 사로잡은 이 더러운 영, 나는 네게 속지 않는다. 나는 용서받은 죄인 중 하나다. 나를 용서하신 분은 예수님이시다. 지금 내 이름으로 네게 명령하는 게 아니다. 나를 용서하시기 위해 십자가에 못 박혀 돌아가시고 부활하신 예수님의 이름으로 네게 명령한다. 수호를 놓고 여기서 나가라."

이 속삭임은 수호만 들었다. 선포 직후, 그가 바람 빠진 풍선처럼 쓰러졌다. 김 목사님이 다가와 정신을 잃은 수호를 업고 숙소로 갔다. 그 모습을 보며 나와 기도자들은 집회장으로 함께 복귀했다. 아직 청중은 부르짖어 기도하고 있었고, 나는 다시 강대상에 올라 기도회 인도를 마무리했다.

나는 축복기도까지 마친 후에 수호의 상태가 궁금해서 다시 숙소로 갔다. 이미 그는 정신을 차리고 앉아 김 목사님과 대화 중이었다. 귀신은 떠난 상태였다.

귀가 어두우면 목소리가 커진다

나는 이 일로 두 가지 새로운 사실을 배웠다. 하나는 평소에 기도해야 한다는 거였다. 그 자리에 있던 김 목사님은 평소 개인기도 시간을 거의 갖지 않는 사람 같았다. 부르짖어 기도하는 일과는 거리가 먼 사람이었다. 기도에 익숙하지 않은 사람에게 기도의 능력이란 그저 남의 이야기다.

"예수님의 이름으로 기도하면 귀신도 쫓겨 나간다" 라는 건 그에게는 단지 문자적 지식일 뿐이었다. 그는 부르짖는 기도 5분에 목이 쉴 정도로 기도에 익숙하지 않은 사역자였다. 영적으로도 취약해서 귀신의 거짓말에 쉽게 동요되었다. 능력은 기도와 거리가 먼 사람을 통해서는 나타날 수가 없다(막 9:29).

또 하나는 기도 목소리에 대한 거였다. 목소리 큰 것이 신앙의 크기에 반비례함도 알 수 있었다. 수호를 위해 기도하던 이들의 목소리가 점점 커졌던 이유는, 귀신이 나가지 않아서였다. 더욱 간절히 기도하느라 커졌다. 그러나 한편으로 불신 때문에 모두의 목소리가 점점 높아지는 걸 보았다.

수호를 위한 기도 시간이 길어질수록, 귀신이 기도로 나가는 데 대한 믿음 역시 옅어지는 걸 경험했다. 그래서 목소리가 조금씩 더 커졌다. 로비 기도회에서 우리 목소리가 점점 커졌던 건 잘 안 믿어진다는 뜻이기도 했다. 여기에 부르짖는 기도의 또 다른 모습이 있었다.

큰 목소리로 기도하는 건 자신의 불신 상태에 대한 호소이자, 하나의 표현이다. 나는 남달리 목소리가 큰 할아버지 한 분을 안다. 그는 아침에 눈을 뜨면 보청기부터 챙긴다. 그의 큰 목소리는 남이 아니라 자기 자신을 위한 것이다. 남의 소리가 안 들려서가 아니라, 자신의 귀가 어두워서 크게 말했다.

부르짖는 기도도 비슷하다. 부르짖는 큰 소리는 자신을 위한 것이기도 하다. 하나님이 귀가 어두우셔서 우리가 큰 소리로 기도해야 하는 게 아니다. 우리가 영적으로 저급한 상태라서 큰 소리로 기도해야 한다.

부르짖는 기도로 자신을 깨우고 살려야 한다. 신앙에 대해 잠들어있는 불신의 심령을 흔들어 깨워야 한다. 감겨있는 영안을 뜨게 해야 한다. 진리와 거짓을 혼동하며 죽은 듯 멈춰버린 뇌력(腦力)에 충격을 줘야 한다.

내가 들려야 남에게도 들려준다. 내가 살아야 남도 살린다. 부르짖는 기도는 자신을 위한 기도다. 자기 귀에 외치는 강력한 믿음의 촉구다.

"아빠"라고 부르짖는다면

로마서는 복음의 편지다. 처음 기록될 당시, 편지의 수신자는 불신자가 아니라 신자였다. 이미 예수님을 믿고 따르던 로마 교인들이 대상이었다(롬 1:15). 그때나 지금이나 복음이 불신자에게만 필요한 게 아님은 진실이다. 복음은 신자에게도 필요하다. 꼭 필요하고, 더 필요하다.

그러므로 나는 할 수 있는 대로 로마에 있는 너희에게도 복음 전하기를 원하노라 롬 1:15

복음의 편지인 로마서에도 부르짖는 기도가 등장한다. 그중에서도 가장 대표적인 것이 "아빠 아버지라고 부르짖는다"라는 부분이다.

…아빠 아버지라고 부르짖느니라 롬 8:15

부르짖는 기도를 방해하는 요소 중 하나가 불신이다. 부르짖음은 마음을 쏟아놓는 진정성 있는 행동이기도 하지만 한편으로는 꽤 예의 없는 행동이다. 보통 가까운 관계가 아니고서는 서로 소리쳐 마음을 다 쏟아내는 대화는 할 수 없다. 하나님께 부르짖으려면 믿음이 필요하다. 하나님이 나와 꽤 가까운 관계라는 믿음.

복음은 하나님과 우리 사이의 관계가 얼마나 가까운지 알려준다. 예수 안에서 하나님과 나 사이가 아빠와 아들 관계처럼 되었다. 아들은 아빠에게 맘껏 부르짖을 수 있다.

문제는 이것이 잘 안 믿어진다는 거다. TV 아침 드라마에 등장하는 왕자와 거지 클리셰(cliché, 낡은 표현)가 오히려 더 믿어질 정도다. 출생의 비밀을 알고 보니 내 아빠가 왕이나 재벌이었더라는 이야기 말이다. 그 정도라면 믿겠는데, 복음 이야기가 우리에게 알려주는 건 상상을 초월할 만큼 거대하다.

자그마치 하나님과 나 사이가 부자간이라는 이야기다. 온 우주 만물의 창조주이자 통치자이신 분이 내 "아빠"라니! 잘 안 믿어진다. 안 믿어지니 목소리가 커진다.

부르짖는 기도는 이런 불신을 겨냥한다. 믿음에 대해 어두운 귀를 뚫어주고, 불신으로 가득한 심령을 쪼개주며, 온갖 거짓과 어둠의 영들을 향해 믿음의 선포로 호령하기 위해 부르짖는다. 귀가 안 들려 목소리가 큰 할아버지처럼 신앙에 어두운 우리도 더욱 큰 소리로 기도해야 한다.

3

염려 대신 기도해야 하니까

내가 환난 중에서 여호와께 아뢰며

나의 하나님께 부르짖었더니

그가 그의 성전에서 내 소리를 들으심이여

그의 앞에서 나의 부르짖음이 그의 귀에 들렸도다

시 18:6

누구나 염려가 있다

길고양이조차 내일 일을 걱정하지 않는다. 주차장 울타리 위에서 햇볕을 쬐며 잠만 잘 잔다. 폭우 속 참새 떼도 염려가 없다. 비가 오면 맞고, 멈추면 노래한다. 궂은 날이든 맑은 날이든 큰 나무 구석구석에서 잠만 잘 잔다. 논길을 따라 스스로 자란 잡초 하나도, 바다 아래 물고기 한 마리도, 살면 살고 죽으면 죽는다. 염려를 모르고 산다.

그런데 인간은 다르다. 누구나 염려하며 산다. 가난하면 가난해서, 부하면 부해서 염려한다. 미혼은 결혼 못 해서, 기혼자는 결혼해서 염려다. 아이는 어리다고, 노인은 늙었다고 염려한다. 인간에게는 모든 게 염려거리다.

예수님은 천국에 합당한 자가 누구인지를 설명해주셨다(마 5:1-7:29). 그중에 '염려'에 대한 부분이 있다(마 6:19-34). 예수님은 이 부분을 돈 이야기로 시작하셨다.

네 보물 있는 그곳에는 네 마음도 있느니라…한 사람이 두 주인을 섬기지 못할 것이니…너희가 하나님과 재물을 겸하여 섬기지 못하느니라…그러므로… 마 6:21-25

염려에 대한 말씀은 돈 섬김에 대한 경고 뒤에 "그러므로"로 시작된다. 여기서 우리는 염려는 '돈'에서 온다는 걸 알 수 있다. 돈에 대한 잘못된 의미 부여, 하나님이 아니라 돈을 보물로 여기는 마음이 염려의 모태다.

이후, 예수님은 자연을 가리키시며 염려에 대한 설명을 이어가신다. 공중의 새도, 길가 꽃 한 송이도 염려가 없음을 예로 들며 '염려 금지'를 명령하신다(마 6:26-32). 예수님은 염려의 뿌리에 하나님 섬김이 아닌 돈 숭배가 있음을 가르쳐주신다. 염려한다는 건 우리 마음이 우상숭배 상태라는 뜻이다.

하나님나라는 우상 숭배자 뿐만 아니라 그 비슷한 냄새가 나는 사람도 들어갈 수 없다. 그 나라는 나를 먹이고 입히는 존재가 돈이 아니라, 하나님이시라는 사실을 믿는 자들의 나라다. 그러나 자기는 하나님나라에 들어갈 수 있다고 생각하는 대부분의 사람이 이를 믿지 않는다.

염려에서 기도로

'불신이 염려를 낳았다고?'

예수님의 말씀을 듣기 전까지는 몰랐던 사실이었다. 염려는 내가 '믿음이 작은 자'라는 경각심을 일깨워주었다.

…하물며 너희일까 보냐 믿음이 작은 자들아 마 6:30

바다에서 목이 말라 바닷물을 마신다고 가정해보자. 그러면 당장 갈증이 해소될지 모르나 이내 염분 때문에 목마름은 더 커질 거다. 그래서 바닷물을 또 마시면? 문제는 더욱 커진다. 갈증 해소가 아닌, 갈증 악순환이 시작된다.

염려도 그렇다. 돈을 섬기면 염려가 온다. 그때 만약 돈을 더 구한다 해도 염려 해결은커녕 염려가 더 커지는 악순환에 빠진다. 바닷물 악순환을 끊는 길이 생수를 들이켜는 데 있다면, 염려 악순환에서 벗어나는 길은 '기도'에 있다. 예수님은 염려의 문제를 다루시며 그 해결책도 제시하셨다.

그런즉 너희는 먼저 그의 나라와 그의 의를 구하라 그리하면 이 모든 것을 너희에게 더하시리라 마 6:33

예수님은 문제 지적과 동시에 해결안도 주셨다. 염려가 있다면 하나님나라를 구하는 기도가 해결책이다. 염려 대신 기도하자. 돈 사랑은 염려를 증폭시킬 뿐 해결책이 아니다.

염려는 기도 출발점이다(빌 4:6). 처음에는 염려 거리 자체로 인해 기도하더라도 기도하다 보면 변한다. 기도의 자리는 거룩하기 때문이다. 기도가 지속되면 성령 하나님께서 어두운 곳에 빛을 비춰주신다. 마음 깊은 곳에 도사린 우상 숭배 상태가 바로 염려의 원인이었음이 훤히 드러난다. 그러면 기도자는 자신이 하나님을 온전히 신뢰할 수 없는 마음 상태임을 직면한다.

> …곧 우상 숭배자는 다 그리스도와 하나님의 나라에서 기업을 얻지 못하리니 엡 5:5

우상 숭배와 거리가 먼 줄 알고 살다가도 마음 깊은 곳에 우상 숭배적 염려 원인이 있음을 발견하고 소스라치게 놀란다. 그러면 목소리가 커진다. 앞서 귀가 잘 안 들리는 할아버지처럼 기도 데시벨도 높아진다.

물에 점점 빠져가던 베드로, 아이를 얻으려던 한나, 힘들고 고통스러워 못 살겠다던 광야의 출애굽 백성들처럼 부르짖게 된다.

그의 나라와 그의 의

죄인의 특징은 '자기 의'다. 이것은 자기 힘으로 자신을 구원할 수 있다는 헛된 믿음이다. 하지만 하나님나라는 자기 의로 들어갈 수 없다. 그곳은 하나님나라라서 하나님의 의로만 들어간다.

하나님의 의는 예수 그리스도시다(롬 10:4). 하나님은 예수님을 십자가에 죽게 하심으로 그분의 의를 이루셨다. 그리고 우리 모두에게 구원의 길을 내셨다. 누구든지 자기 의를 모두 포기하고, 예수님만을 하나님의 의로 받아들이면 구원받게 하셨다. 하나님은 이것을 하나님의 영광이자, 그리스도의 영광이며, 교회의 영광으로 삼으셨다.

죄인에게 자기 의를 포기시키고, 하나님의 의로 의인으로 만드는 것이 하나님나라다. 앞서 말했듯, 염려로 부르짖어 기도하다 보면 하나님나라에 대한 기도로 옮겨간다. 결국 염려 기도는 하나님나라와 하나님의 영광을 드러내게 된다.

염려를 기도와 연결해주신 그리스도를 좇아 염려 대신 기도다. 먼저 그 나라와 그의 의를 구하라는 명령을 따라 염려 대신 기도다. 공중의 새도 들의 꽃 한 송이도 하나님나라와 그분의 의를 드높이니 염려 대신 기도다.

주추

'축기견초'(築基堅礎)라는 말이 있다. 집을 지을 때 터를 다져 주추(건물의 주 기둥 밑에 괴는 튼튼하고 깊은 돌)를 굳게 해야 한다는 뜻이다. 이 말은 건물의 기초인 주추에 대한 이야기지만, 일반적으로, 인생사 모든 일의 기초를 튼튼히 해야 한다는 의미로 많이 쓴다. 기초가 소홀한 건물은 완공 후에도 불안하듯이 기본이 허술한 인생은 성공해도 의미가 없다.

예를 들어, 프로 씨름선수의 주추는 기초체력이다. 마치 건물을 지어 올리듯, 목표지점을 향해 매일 기술을 습득해 발전해간다. 그러던 어느 날, 슬럼프에 빠진다면 '축기견초'를 상기하며 잠시 기술 습득을 멈추고 쉬는 시간을 갖는다.

그때 기초체력 습득을 위한 반복 연습에 몰두한다. '어떻게 하면 상대 선수를 잘 쓰러뜨릴 수 있는지'를 궁리하지 않는다. 다만 핵심(core) 근육을 단련하고, 지구력을 키우며, 근력을 향상하는 데 집중한다.

신앙생활도 비슷한 면이 있다. 기도가 안될수록 더욱 축기견초를 기억해야 한다. 기도의 다양한 방법을 구사하기를 멈추고, 기도의 기초로 돌아가야 한다. 그렇다면 크리스천 기도 생활의 주추는 무엇일까?

이스라엘의 원초적 기도 응답

기도의 기초는 부르짖는 기도다. 이는 고차원적 기도가 아니라 가장 원초적 방법이다. 출애굽 백성들을 보라. 그들이 만약 기도의 고수였다면 하나님의 구원 역사를 위해 기도했을 것이다. 그러나 그들의 기도는 고급스럽지 않았다. 단지 일이 힘들어서 부르짖었다.

여러 해 후에 애굽 왕은 죽었고 이스라엘 자손은 고된 노동으로 말미암아 탄식하며 부르짖으니 그 고된 노동으로 말미암아 부르짖는 소리가 하나님께 상달된 지라 출 2:23

그들의 부르짖음은 원초적이었다. 하나님의 마음을 헤아리는 신학적 기도도, 누군가를 위한 이타적 기도도 아니었다. 오직 일이 힘들어서 부르짖었다. 출애굽기 1장의 마지막 부분을 보면 더 흥미롭다.

> 그러므로 바로가 그의 모든 백성에게 명령하여 이르되 아들이 태어나거든 너희는 그를 나일강에 던지고 딸이거든 살려두라 하였더라 출 1:22

애굽의 왕은 잔인한 명령을 내렸다. 히브리인의 갓난아기들을 혈통으로 분별해서 강에 던져 죽였다. 히브리인들은 자식이 눈앞에서 죽는 꼴을 봤다. 그런데도 출애굽기 2장 끝부분까지 그들이 부르짖었다는 기록이 없다. 그저 노역으로 죽을 것처럼 고생할 때 비로소 하나님께 상달되는 부르짖음으로 나아갔다(출 2:23).

출애굽기 초반의 부르짖는 기도는 그야말로 이기적이고도 원초적이다. 초보 신앙인, 아니 불신자라도 할 수 있는 기도다. 어떤 연습이나 공부가 필요한 기도가 아니다. 그저 힘든 일, 풀리지 않는 문제가 있다면 누구에게나 가능하다. 부르짖는 기도는 누구나 할 수 있는,

기도의 기초와 같다.

다시 출애굽기 2장을 보자. 히브리인들의 가장 원초적 기도에 하나님은 어떻게 반응하셨는가? 너무 이기적인 기도라며 침묵하셨는가 아니면, 창세기 15장에서 아브라함과 맺은 구원 약속을 잊었냐고 역정을 내셨는가?(창 15:13) 아니다. 하나님은 가장 적나라한 모습의 그들에게 아주 신실하게 응답하셨다.

> 하나님이 그들의 고통 소리를 들으시고 하나님이 아브라함과 이삭과 야곱에게 세운 그의 언약을 기억하사 하나님이 이스라엘 자손을 돌보셨고 하나님이 그들을 기억하셨더라 출 2:24,25

위 요절에서 하나님의 모습을 설명하고 있는 부분에 밑줄을 치고 다시 소리 내어 읽어보라.

"하나님이…들으시고…기억하사…돌보셨고.…기억하셨더라"

느낌이 오는가? 하나님께서 단순히 "응답하셨더라"가 아니다. 가장 보잘것없는, 기초적인, 누구나 할 수 있는, 원초적이고 이기적인 기도에 신실하게 응답하셨다.

다시 말하지만, "하나님이 들으시고, 기억하사, 돌보셨고, (또) 기억"하셨다. 맞다. 하나님은 부르짖는 기도에 응답하셨다.

한나의 기도와 응답

사무엘의 어머니, 한나는 어땠는가? 그녀는 대단히 고급스럽게 기도했는가?

한나가 마음이 괴로워서 여호와께 기도하고 통곡하며 삼상 1:10

한나 역시 이기적인 기도를 드렸다. 당시는 사사 시대, 역사적 소명이 가득한 시기였다. 만약 그녀가 조금이라도 신앙의 수준이 높았다면, 하나님의 구원이나 메시아의 도래를 위한 기도를 드렸어야 하지 않았을까?(물론 사무엘상 2장으로 넘어가면 고차원적 찬양을 하나님께 올려드리는 모습으로 바뀐다. 하지만 처음에는 전혀 그렇지 않았다).

한나의 남편은 제사장 계급인데도 첩이 있었다. 이는

우상 숭배와 더불어 사사 시대를 대표하는 범죄 중 하나다. 한나에게는 부부관계를 오염시킨 시대적 어두움에 대한 거룩한 분별이나 하나님나라 관점의 큰 그림이 없었다. 하나님께서 시대적 아픔을 초월해서 어떻게 하나님나라를 세우시는지에 대한 영적 시각 또한 없었다.

그저 "열 아들보다 나은 남편"도 필요 없다는 식의 좁은 시야로 기도할 뿐이었다. 그녀는 이기적인 기도자였다. 자기 마음의 괴로움으로 통곡하는 사람이었다(삼상 1:8-11). 그녀의 기도 제목을 보라.

나의 원통함과 격분됨이 많기 때문이니이다… 삼상 1:16

하나님의 구원이나 메시아의 도래 같은 거룩한 기도 제목과는 거리가 멀었다. 다만 자기 신세 한탄으로 신음하는 기도를 드린 사람 중 하나였다.

당시 성전은 시끄러운 소리를 내면 안 되는 곳이었다. 그녀는 그곳에서조차 부르짖는 소리를 속으로 삼키며 신음했는데, 이는 부르짖는 기도의 또 다른 모습이었다. 한나는 기도하느라 제정신이 아니었다. 술에 취한 것처럼 보일 정도였다(삼상 1:14-16).

이에 하나님은 어떻게 응답하셨는가? 너무 막 하는 기도라서 무시하셨는가? 하나님의 속도 모르고, 시대상을 구별할 줄 모르는, 영안이 어두운 사모(제사장의 아내)라며 내버려 두셨는가? 여자가 성전에 와서 부르짖고 있다며 돌려보내셨는가? 아니다. 하나님은 한나에게도 아주 신실하게 응답하셨다.

> 한나가 임신하고 때가 이르매 아들을 낳아 사무엘이라 이름하였으니 이는 내가 여호와께 그를 구하였다 함이더라 삼상 1:20

> 한나가 기도하여 이르되 내 마음이 여호와로 말미암아 즐거워하며 내 뿔이 여호와로 말미암아 높아졌으며 내 입이 내 원수들을 향하여 크게 열렸으니 이는 내가 주의 구원으로 말미암아 기뻐함이니이다
> 여호와와 같이 거룩하신 이가 없으시니 이는 주밖에 다른 이가 없고 우리 하나님 같은 반석도 없으심이니이다
> …
> 여호와는 죽이기도 하시고 살리기도 하시며 스올에 내리게도 하시고 거기에서 올리기도 하시는도다

...

그가 그의 거룩한 자들의 발을 지키실 것이요 악인들을 흑암 중에서 잠잠하게 하시리니 힘으로는 이길 사람이 없음이로다
여호와를 대적하는 자는 산산이 깨어질 것이라 하늘에서 우레로 그들을 치시리로다 여호와께서 땅끝까지 심판을 내리시고 자기 왕에게 힘을 주시며 자기의 기름 부음을 받은 자의 뿔을 높이시리로다 하니라 삼상 2:1,2,6,9,10

기초적인 기도에 응답하시는 하나님

부르짖는 기도에 응답하시는 하나님을 보라. 또 그 앞에서 찬양하며 예언을 선포하는 이스라엘을 보라. 또 한 나를 보라. 어디 그뿐인가? 원초적이고 이기적인 부르짖는 기도, 가장 기초적인 기도 방법을 들고 하나님 앞에 나아갔던 사람들을 찾아보라.

모세는 소명 실행의 어려움 가운데 반복해서 부르짖었고, 다윗은 자신의 범죄에 대한 후회와 회개로 울부짖었다. 선지자들은 자기 몸을 쪼개어 토해내야 하는 것만 같은 하나님의 말씀을 쏟아내며 부르짖었다.

믿음의 선진들은 하나같이 별로 대단하지 않았다. 그들은 모두 위기 앞에서 그저 하나님께 소리 지르는 원초적 신앙인이었다. 그들은 외쳤고, 하나님은 응답하셨다.

자녀의 부르짖음 앞에 선 아빠

내게는 두 딸이 있다. 막내가 자주 부르짖는다. 운다. 심약한가 싶었다. 그런데 알고 보니 아무 앞에서나 울부짖지는 않았다. 유치원에서는 울부짖지 않았다. 밖에서는 새침하고, 조용하며, 심지어 점잖기까지 했다. 엄마 앞에서도 울부짖지는 않았다. 유독 아빠인 내 앞에서만 큰 소리로 울었다.

이것은 어리광이다. 아이의 세계에서 가장 힘센 존재는 아빠다. 가장 친구 같은 존재 역시 아빠다. 그래서 내게만 어리광을 부린다. 엄마 앞에서는 주로 설명하지, 울부짖지 않는다. 반대로 내 앞에서는 무엇 때문에 슬픈지 혹은 아픈지 잘 설명하지 않고 운다. 여기에 아이의 믿음이 있다. 아빠는 다 알 거라는 믿음. 아빠라면 무엇이든 해결해줄 거라는 믿음.

우리가 하나님께 부르짖는 것도 마찬가지다. 예수 안에서 우리는 하나님의 자녀 자격을 얻었다(요 1:12). 하나님의 자녀는 하나님께 "아빠"라고 부르짖을 특권이 있다(롬 8:15). 가장 원초적으로 부르짖어 기도하는 사람은 하나님을 아빠와 같은 존재, 가장 가깝고도 믿을만한 존재로 대한다.

그는 하나님께 부르짖어 심정을 토해냄으로써 하늘의 응답을 끌어내며, 하늘의 뜻을 이 땅 위에서 이룬다. 하나님은 이런 기도자를 정말 좋아하신다. 부르짖어 기도하는 자녀에게 응답 주시길 기뻐하신다.

4

하나님이 응답하시니까

내가 나의 목소리로
여호와께 부르짖으니
그의 성산에서 응답하시는도다(셀라)

시 3:4

크라쪼, 부르짖음

부르짖는 기도는 신약 성경 원어로 "크라쪼"(ἔκραζεν)다. 쉽게 말해, "울부짖는 상태"를 표현한다. 성경에 약 220번이나 등장하는 빈번하고도 중요한 표현이다. 성경에서는 주로 죽을 것 같은 고통 가운데 하나님의 백성들이 구원의 호소를 격렬하게 할 때 이를 썼다. 크라쪼의 배경은 대부분 참혹했다.

마가복음 15장에 나오는 가나안 여자의 크라쪼를 보면, 그녀가 왜 그렇게 소리 질렀는지 알 수 있다.

가나안 여자 하나가 그 지경에서 나와서 소리 질러(κράζω) 이르
되 주 다윗의 자손이여 나를 불쌍히 여기소서 내 딸이 흉악하게
귀신 들렸나이다 하되 마 15:22

예수님을 향해 그녀는 부르짖었다. 강렬한 소원이 있어서였다. 그 내용이 불쌍하기 그지없었다. "내 딸이 흉악하게 귀신 들렸나이다." 인간이 느낄 수 있는 가장 큰 고통은 불에 데거나 물에 빠지는 게 아니다. 사랑하는 이의 큰 고통을 눈앞에 두고도 정작 아무 도움이 못 되는 자신을 발견할 때다.

그렇게 보면, 이 여인은 큰 고통을 겪고 있다. 스스로는 해결할 수 없는 문제 앞에 섰다. 다른 사람도 아닌 자식 문제다. 또한 인간으로서는 도무지 어디 가서도 해결할 수 없는 문제, 귀신 들린 상태다. 보통 귀신도 아니고 '흉악한 귀신'이라고 소리쳤다.

게다가 귀신 들린 자식은 아들도 아니고 딸이다. 거라사 지역에서 있었던 일에 대한 묘사로 미루어 그 딸의 상황이 그려진다. 아마도 그녀는 벌거벗은 채 소리 지르며 다녔을 것이고, 온 지역 사람들이 그 참혹한 상태를 방관했을 거다(눅 8:27-37). 이런 상태에서 가나안 여인은 딸을 살려달라는 눈물의 호소로 소리를 질러대고 있었다.

또 다른 예로 베드로의 크라쪼를 보자. 마태복음 14장에서 베드로는 풍랑이 이는 바다 위에 서 있었다(마 14:29, 30). 거기서 예수님의 "오라"는 명령을 받고, 믿음으로 물 위를 걸었다. 그러나 바람을 본 순간, 믿음을 잃고 두려워져 빠져가며 소리쳤다.

> 바람을 보고 무서워 빠져 가는지라 소리 질러 이르되 주여 나를 구원하소서 하니 마 14:30

당시 베드로의 가장 큰 공포인 물에 빠져 죽는 게 기정사실이 되는 순간이다. 그는 지금 빠져 죽어가는 중이다. 자신이 두려워하던 바로 그 방식으로. 그의 눈앞에는 예수님뿐이다. 물 위를 걷게 하신 장본인이 서 계신다.

예수님은 구원자시고, 어차피 그에게는 그분밖에 아무도 없다. 그는 소리친다. "주여 나를 구원하소서!" 시커먼 물살이 점점 턱밑까지 차오르던 순간, 절체절명의 외침이다.

가나안 여자나 베드로에게 크라쪼는 죽음과 관련이 있다. 인간이 해결할 수 없는 큰 문제에서 출발한다. 그

방향은 구원자 하나님이시다. 크라쪼로 외치는 상황은 죽음이 어른거리는 두렵고도 불가항력적인 문제가 생겼음을 의미한다.

만약 누군가 크라쪼를 들었다면, 반드시 도와야 한다. 왜냐면 그는 외치는 자의 마지막 남은 유일하고도 절대적인 믿음의 대상이기 때문이다.

거절은 곧 요청자의 죽음을 의미하기에 이기적인 악인이나 거절할 수 있다. 누구라도 크라쪼는 들어줘야 한다. 그것은 죽어가는 사람이 자신에게 마지막 남은 유일한 해결책으로 당신을 믿는다는 뜻이므로.

왜 부르짖어야 할까?

크라쪼는 가장 강렬한, 고통의 몸부림 중 나오는 발악의 소리다. 피할 수 없는 죽음 앞에서 구원을 바라며 집중해서 외치는 최후의 소원과 부탁이다. 온 힘을 기울여 외치는 눈물의 호소다.

부르짖는 기도가 무엇을 의미하는지 성경을 살펴보니 몇 가지 의문이 생긴다.

'왜 그렇게까지 해야 할까?'

'좀 더 점잖게 하면 안 될까?'

'아니, 우리 인생에 그 정도로 죽을 일이 많이 있었나?'

'하나님이 귀가 안 들리시나?'

'내게 그처럼 간절히 소리칠 소원이 있었나?'

'기도를 꼭 그렇게 소리치며 해야 할까?'

부르짖으라고 강조하고 명령하는 성경은, 그 이유를 여섯 가지로 설명한다.

1. 부르짖는 건 아기도 할 수 있는 쉬운 일이다

울부짖는 건 너무 쉽다. 만약 어린아이가 전혀 울지 않는다면 병원에 데려가야 한다. 인간은 태어나면서부터 크라쪼를 한다. 병원 신생아실은 사력을 다해 우는 아기들로 가득하다.

한편 기도는 너무 어렵다. E. M. 바운즈 같은 기도의 대가조차 "기도가 힘들다"라고 했다. 생각해보면, 모든 좋은 일이 다 그렇다. 애써야 이룬다. 다이어트가 저절로 되었다는 사람을 보았는가? 올림픽 금메달 획득이 노력 없이 되었다는 사람은? 성공, 결혼, 육아, 취업, 사업, 인간관계… 어느 것 하나 공짜가 없다. 애써야 한다.

기도도 마찬가지다. 그중 기도가 가장 어렵다. 기도는 좋은 것 중의 좋은 것이라서 그렇다. 더욱 힘써야 해낼 수 있는 일이다. 성경도 기도에 "힘쓰라"라고 했지, 기도가 쉽게 저절로 잘되는 거라고 가르치지 않는다(롬 12:12). 그래서 예수님조차 힘쓰고 애써 기도하시는 모범을 우리에게 보이셨다.

기도는 어려운 일이기에 힘써야 한다. 문제는, 우리가 근본적으로 죄성 때문에 기도하기 싫어한다는 거다. 우리는 하나님과 소통하기를 싫어한다. 그래서 '기도'와 '말씀'이라는, 신앙의 거룩한 방편을 거부한다. 어려워하며 나중으로 미루기를 죽기 직전까지 한다. 죽기 직전에야 비로소 기도한다. 우리는 그 정도로 기도하기를 혐오한다.

그러나 기도의 책무를 피할 수 있는 크리스천은 없다. 성경이 '항상 기도'할 것과 '쉬지 말고 기도'할 것을 말씀하기 때문이다(눅 18:1, 살전 5:17). 크리스천에게 기도는 필수임을 성경의 명령들이 보여준다. 우리는 기도를 피할 수 없을뿐더러, 그럴 핑계를 댈 수도 없다. 기도해야만 한다는 건 성경이 없어지지 않는 한 변함 없는 사실이다. 그래서 우리는 '곤고'하다. 절대 해야 할 일을 결코 하기 싫어하는 모습에 괴로워하는 바울처럼(롬 7:20-24).

오호라 나는 곤고한 사람이로다 이 사망의 몸에서 누가 나를 건져내랴 롬 7:24

이런 우리 마음 상태를 하나님이 잘 아신다. 예수님은 기도의 중요성을 인지하고도 행할 수 없는 육신의 한계로부터도 우리를 구원하신다. 노자의 말처럼 "천리 길도 한 걸음부터"다. 기도의 가장 쉬운 출발점이 부르짖는 기도다.

하나님은 부르짖는 기도를 우리에게 주셨다. 따로 배우거나 연습할 필요가 없는 인간의 본성에 장착된 기능, 엄마 배에서 나오면서부터 할 수 있는 울음. 누구나 쉽게 언제라도 할 수 있는 부르짖음을 기도의 기초이자 핵심으로 주셨다.

2. 기도는 꼭 해야 할 거룩한 일인데 우리는 죄인이라 기도를 싫어한다

이는 첫 번째 이유와 연결된다. 기도가 어려운 우리에게 하나님은 쉬운 출발점을 주셨다. 기도의 쉬운 내용도 주셨는데 바로 '염려'다. 염려는 부르짖음의 쉬운 내용이다.

아무것도 염려하지 말고 다만 모든 일에 기도와 간구로, 너희 구할 것을 감사함으로 하나님께 아뢰라 빌 4:6

성경은 염려와 기도를 연결한다. 기도의 출발점에 선 우리에게 염려는 기도 제목이다. 이것 역시 하나님의 선물과 같다. 기도는 어려워도, 염려는 누구나 하는 쉬운 일이다. 염려는 기도의 기회다. 하나님께서 기도를 싫어하고 어려워하는 우리에게 주신, 기도 시작의 은혜다.

죄 많은 세상에서 누구든 죄의 영향력이 낮은 문제에 휩싸여 살아간다. 문제는 염려를 낳는다. 개인뿐 아니라 죄인들이 이룬 사회 집단 역시 문제와 염려 거리로 가득하다. 어디든 풀리지 않는 문제가 쌓여 있다. 어떤 시스템도 완벽하지 않고, 어떤 정치 판단도 모두를 만족시

킬 수 없다. 해결할 수 없는 문제를 안고 끙끙거리며 염려해야 하는 일들로 가득한 인생이다.

문제를 초월한 사람은 있어도, 문제가 없는 사람은 없다. 죄는 풀 수 없는 일반적 문제이며 전염성과 해악적 영향력이 강한 존재다(롬 3:10-18). 예를 들어, 문제를 '똥'에 비유해서 생각해보자. 죄인들이 싸질러놓은 문제라는 똥 더미가 악취를 내뿜으며 매일 새롭게 죄의 설사병을 일으키는 세상이다.

이런 세상에서 한 번도 죄의 설사병을 겪지 않은 인간이 있다고 가정해보자. 그 역시 똥통 세상에 들어가 사는 한, 똥 냄새는 피할 수 없다. 마찬가지로 아무리 거룩해도 죄에 휩싸여 살면 한통속으로 같은 냄새를 풍긴다. 살아있는 한, 문제와 염려는 피할 수 없다.

하지만 여기에 희망이 있다. 그림자가 빛을 암시하듯, 염려라는 '어두움'은 기도를 시작하게 하는 '빛'과 같다. 성경 신봉자인 크리스천에게 염려란 곧 기도를 의미한다. 염려를 피할 수 없는 건 기도를 피할 수 없는 것과 같다.

문제에 대한 관점을 조금 달리하면 기도가 보인다. 우리는 문제 앞에서 기도 대신 염려한다. 틀렸다. 문제 상황에서도 하나님을 찾지 못하는, 무조건 염려가 앞서는 죄인들을 다행히 성경은 한숨 기다려준다. '문제, 그다음 기도'가 아니라, '문제와 염려, 그다음 기도'를 요구한다.

거룩한 기도는 어렵다. 하지만 누구든 염려할 수 있어 염려란 쉬운 기도 내용이다. 뭔가 숭고하고 거룩하며 신학적으로 거창한 내용으로 부르짖기는 어렵다. "어떻게 하면 똥내 나는 세상을 바꿀 수 있을까?"와 같은 기도는 어렵지만 "내 몸에서 나는 똥 냄새를 못 견디겠어요!" 혹은 "으악! 똥 냄새!"와 같은 식의 외침은 쉽다.

3. 하나님이 응답하시는 기도 방법이다

기도는 하나님과의 대화다. 그런데 그분은 아무나 대화할 수 있는 만만한 상대는 아니시다. 높고 강하시며 심지어 창조주시다. 가령, 직장을 떠올려보라. 대기업 신입사원이 갑자기 그룹의 회장님과 개인 대화를 하고 싶다면 무엇부터 해야 할까? 직장 사수인 김 대리님에게 부탁하면 대화할 수 있을까? 아니다. 아마도 어려울 것이다.

그러나 만약 그가 회장님의 아들이라면 대화를 위해 무엇을 해야 할까? 아마 따로 할 일은 없을 것이다. 그저 카톡 하나 보내면 될 것이다. "아빠, 잠깐 시간 돼?" 존대조차 필요 없다. 마찬가지다. 하나님과의 대화인 기도는 하나님과 내가 어떤 관계인가가 가장 중요하다. 그분과 아무 관계 없이 사는 사람은 대화하기 위해 무엇을 해야 할지 오리무중일 것이다. 하지만 만약 그가 아들이라면? 그저 말만 걸면 된다.

지나친 말이 아니다. 성경이 증거하는 내용이다. 예수님을 구원자로 믿는 사람에게는 하나님과 부자지간, 부녀지간이라는 관계가 새롭게 주어진다. 특권이 생긴다.

> 영접하는 자 곧 그 이름을 믿는 자들에게는 하나님의 자녀가 되는 권세를 주셨으니 요 1:12

자녀가 되는 권세. 이것은 하나님과 대화, 기도할 수 있는 관계임을 내포한다.

> 그날에는 너희가 아무것도 내게 묻지 아니하리라 내가 진실로 진실로 너희에게 이르노니 너희가 무엇이든지 아버지께 구하는 것

을 내 이름으로 주시리라 지금까지는 너희가 내 이름으로 아무것
도 구하지 아니하였으나 구하라 그리하면 받으리니 너희 기쁨이
충만하리라 요 16:23,24

신입사원이라도, 그가 회장 아들이라면 회장과의 대
화에 어려움이 없다. 우리 역시 하나님의 자녀라면, 창
조주께 나아가는 일에 전혀 두려움이 없다(히 4:16). 언제
어디서나 "아빠!"라고 부를 수 있고, 무엇이든 요청할
수도 있다(롬 8:15, 요 14:14).

아빠와 자녀 관계인데 아빠가 괜찮겠는가. 크라쪼 앞
에서 말이다. 자식이 소리치며 우는데 가만히 있을 아빠
가 어디 있는가. 그가 사장이든 회장이든, 아니면 대통
령이라도 움직이지 않겠는가. 지금 자식이 소리치며 살
려달라고 외치는데 어떻게 주목하지 않겠는가. 자식에
게 아빠가 몇 명이라고 그것을 무시하겠는가!

여기에 부르짖는 기도의 비밀이 있다. 하나님은 부르
짖는 기도에 반드시 응답하신다. 성경은 이를 직접적으
로 언급하며 약속한다. 부르짖는 기도에 응답하시는 하
나님은 시편에 등장하는 성경 클리셰 중 하나다.

시편 3:4

내가 나의 목소리로 여호와께 부르짖으니 그의 성산
에서 응답하시는도다(셀라)

시편 86:7

나의 환난 날에 내가 주께 부르짖으리니 주께서 내게
응답하시리이다

시편 118:5

내가 고통 중에 여호와께 부르짖었더니 여호와께서
응답하시고 나를 넓은 곳에 세우셨도다

시편 120:1

내가 환난 중에 여호와께 부르짖었더니 내게 응답하
셨도다

혹시, '어떻게 하면 하나님이 내 기도에 응답하실까?'
생각해본 적이 있는가? 그렇다면 더 분명히 다가올 것
이다. 그것은 '원칙'과 '비결'이다. 기도 응답의 원칙은
예수 안에서 하나님과 부자, 부녀 관계가 되는 것이고,
비결은 부르짖어 기도하는 거다.

4. 하나님이 기뻐하시고 원하시는 신앙 태도이다

부르짖어 기도하는 것에는 또 하나의 비밀이 있다. 하나님이 기뻐하시는 신앙 태도라는 거다. 부르짖는다는 건 '집중'한다는 뜻이다. 앞서 말했던 가나안 여인을 떠올려보라. 또 물에 빠져가는 베드로도.

그들의 공통점은 구원의 대상이 예수님뿐이라는 사실에 전적으로 집중했다는 데 있다. 생사를 넘나드는 문제 때문에 오히려 하나님께 믿음의 몰입을 경험했다. 이것이 '내게 구원자가 하나님뿐'이라는 올바른 신앙 태도를 보이게 했다.

"만약 초원 위에서 홀로, 굶주린 야생의 사자와 맞닥뜨렸다면, 당신을 무엇을 할 수 있을까?"

심리학자 미하이 칙센트 미하이가 쓴 《몰입》에 나오는 사자 비유의 한 대목이다. 한번 생각해보라. 이때 당신은 무엇을 할 수 있을 것 같은가? 저자는 다음과 같이 답한다.

"그때 당신이 할 수 있는 일은 전혀 없다. 그저 사자를 쳐다보는 것 외에는 얼어붙어 아무것도 할 수 없을 것이다."

이것이 미하이 박사가 말하는 '몰입 경험'에 대한 설명이다. 몰입은 예수님이 진행하신 제자화의 핵심을 설명할 때 유용한 개념이다. 예수께 완전히 몰입하는 것, 자기 생각, 경험, 그리고 죄를 따르려는 의지를 모두 부인하고, 대신 예수님 앞에 압도된 상태로 살아가는 것. 그런 '예수-몰입' 상태가 바로 '예수-충만'이고 올바른 믿음의 태도다.

예수님의 제자도는 예수님 그 자체였다. 그분은 제자들에게 당신이 누군지를 보이셨다. 그리고 집중시키셨다. 모든 병자를 고치시고, 앉은뱅이를 일으키시며, 죽은 자를 살리실 때도 그랬다. 또 오병이어 사건 앞에서나 풍랑 이는 검은 물 위에서도 계속 예수님이 하나님이시며 유일한 구원자이심을 보이셨다.

그러나 제자들은 한 번도 몰입하지 못했다. 그들은 예수님 외의 모든 것에 정신을 빼앗겨 산만했다. 그래서 예수님이 보여주시는 것을 보지 못했다. 그저 저마다 보고 싶은 대로 봤다. 또 예수님이 말씀하시는 대로 듣지도 못했다. 다들 저마다 듣고 싶은 대로 들었다.

제자들은 예수님의 인기와 능력에 취해 정치적 세력 얻기를 바라기까지 했다(막 10:37). 여자가 낳은 자 중에 가장 큰 자라는 호칭을 지녔던 세례 요한조차 예수님을 있는 그대로 보고 듣지 못했던 순간이 있었다(마 11:2-19). 제자들뿐만 아니라 모든 추종자도 예수님과 동상이몽이었다. 그들은 예수님과 동행하면서도 그분이 누구신지 깨닫지 못했다(마 16:9, 막 8:21, 눅 9:41).

예수님은 하나님이시다(골 1:15-17). 그분은 당신의 백성들에게 전폭적인 믿음을 요구하신다. 그것은 몰입과 비슷하다. 하나님께 몰입해 살기를 우리에게 원하신다. 그래서 부르짖음을 기뻐하신다. 왜냐면 부르짖는 기도 모습은 하나님의 구원하심을 바라는 믿음으로 몰입한다는 것을 뜻하기 때문이다.

부르짖는 기도자는 하나님께 몰입하는 사람이다. 마치 야수 앞에서 확정된 죽음의 공포 때문에 꼼짝 못 하는 상태와 같다. "살려달라!"라며 크라쪼로 호소하는 기도자에게 딴생각은 존재할 수 없다. 그의 눈앞에는 유일한 구원의 대상으로서의 하나님만 존재한다. 꼼짝없이 하나님 앞에 매달려 기도하는 그 몰입의 상태를 그분이 기뻐하신다. 하나님 외에 아무것도 바라는 게 없는 상태가 믿음의 최종 단계다.

부르짖는 기도는 원초적이고 기초적인 기도의 방법이지만 부르짖는 기도가 보이는 신앙 태도는 고귀하다. 제자도의 완성이고, 믿음의 적극적 표현이자 최선이다.

5. 성경이 반복 강조하고 있다

앞서 보았듯, 성경은 부르짖어 기도하는 걸 반복을 통해 강조한다. 성경이 어떤 것을 반복할 때는 세 가지 의미가 있다.

첫째, 우리에게 중요하다는 뜻이다.

몇 년 전에 쓴 돈에 관한 책에서도 말했다. 성경이 돈에 대해 말하는 구절을 다 모으면 2,350구절이나 된다. 돈 문제가 얼마나 중요하면 그렇게 많이 반복했겠는가. 성경이 어떤 주제를 반복할 때는 성경을 읽는 우리에게 중요하며 꼭 필요하다는 의미다.

부르짖는 기도는 성경에서 반복 등장하므로, 우리에게 중요하고 필요하다. 그러므로 부르짖는 기도를 반드시 알고, 실행해야 한다.

둘째, 그 중요한 것을 우리가 하지 않고 있다는 의미다.

잔소리를 들어본 적이 있는가? 2010년 여름이었던 것 같다. 나는 잔소리를 많이 들었다. 우측통행하라는 잔소리. 나는 초등학교가 아니라 국민학교를 나왔다. 어려서부터 '차는 오른쪽, 사람은 왼쪽'이라고 배웠다. 이 표어로 포스터 그리기 대회에 나가기도 했다. 그래서 '우측보행 전면 실행'이라는 공지가 어색했다. 계속 왼쪽으로 다녔다. 인도에서도, 건물 복도에서도, 또 지하철에서도.

그런데 나 같은 사람 천지였다. 비교적 어리거나 젊은 사람들은 우측통행에 금방 익숙해졌다. 그러나 국민학교를 경험했던 아저씨들은 여전히 혼란스러워했다. 그런 이들을 위해 사회는 잔소리를 했다. 가는 곳곳에 '우측보행'이라는 글귀를 적어 붙여놨다.

잔소리는 틀린 말이 아니다. 꼭 해야만 하는 원칙이

있는데 지키지 않을 때, 반복되는 이야기다. 성경이 어떤 주제를 반복하는 건 잔소리와 비슷하다. 부르짖는 기도에 대한 반복 강조는 거룩한 잔소리다. 꼭 부르짖어 기도해야만 하는데, 하지 못하고 있을 때 성경이 반복하는 말씀이다.

셋째, 꼭 실행하라는 명령이다.

군대는 명령체계를 따른다. 계급을 따라 명령의 중요도가 달라진다. 더 높은 사람의 명령이 더 낮은 사람의 것보다 우선한다. 횟수도 그렇다. 전군을 통수하는 대통령의 명령은 반복할 필요가 없다. 한 번으로 지시는 끝난다. 그러나 한 부서를 담당하는 행보관의 명령은 반복할 수 있다. 그런데 만약 대통령이 군대의 어떤 말단 부서에 방문해서 같은 명령을 반복한다면? 아마 해당 부대는 발칵 뒤집히고, 이 일은 전군의 뉴스거리가 될 것이다.

성경의 권위를 생각해본다면, 명령은 한 번으로 족하다. 그러나 성경이 어떤 명령을 반복한다는 건 우리의 심령이 발칵 뒤집히는 뉴스거리다. 전 우주의 최고 통치자 하나님의 명령은 한 번으로 족하다. 그러나 그분의 사랑에 힘입어(?) 우리는 실행에 약하고 느리다. 그리고 미련하다.

성경이 부르짖는 기도를 반복하는 건 우리에게 경종을 울리는 거다. 빨리 실행하라는 뜻이다. 당장 부르짖으라는 의미다. 부르짖는 일의 비밀을 발견하고, 기도의 지혜자가 되라는 거다.

6. 예수님도 그렇게 기도하셨다

크리스천은 예수님을 따르는 사람들이다. 다른 말로 작은 예수, 혹은 예수쟁이, 아니면 예수덕후라고도 불린다. 그들은 예수로 죽고 산다. 예수 외에 남은 게 없는 사람들이다. 예수님의 눈으로 보고, 예수님의 귀로 듣고, 예수님의 손발이 되어 일하기로 작정한 족속이다.

또 그분의 모든 말씀을 지켜 행할 뿐 아니라, 또 지켜 행하게 한다(마 28:19,20). 김용의 선교사(로그미션 대표)의 말처럼 '예수가 전부인 사람들'이고, "예수면 다다"라고 외치는 '이상한 종족'이다. 그런 사람들에게 예수님의 기도 모범은 중요하다. 그분이 어떻게 기도하셨는지에 따라 그들의 기도 생활이 결정되기 때문이다.

만약 기존의 기도 생활이 예수님의 기도 모범과 다르다면 큰일이다. 예수님의 기도에 맞춰 자기 기도 생활도 재정렬해야 한다. 성경에 예수님의 기도에 대한 모든 게 나온다. 그분의 기도 시간, 내용, 방법이 나온다. 그중에서도 히브리서에 예수님이 어떤 모습으로 기도하셨는지 기록하고 있다.

> 그는 육체에 계실 때에 자기를 죽음에서 능히 구원하실 이에게 심한 통곡과 눈물로 간구와 소원을 올렸고 그의 경건하심으로 말미암아 들으심을 얻었느니라 히 5:7

예수님 역시 크라쪼로 기도하셨다. 이것 하나만으로도 부르짖어 기도해야 하는 근거는 충분하다. 이미 "심한 통곡과 눈물로" 기도하셨다. 우리는 크리스천이다. 예수님을 따른다. 자기를 부인한다. 자기 대신 성경을 붙들고 예수님을 따른다. 성경에 예수님의 기도가 나온다. 우리는 그대로 한다. 기도할 때도 예수님처럼 기도한다. 예수님이 심한 통곡과 눈물로 기도하셨으므로, 우리도 똑같이 한다.

5

영적 전투에서
매일 승리해야 하니까

제사장들이 양각 나팔을 길게 불어
그 나팔 소리가 너희에게 들릴 때에는
백성은 다 큰 소리로 외쳐 부를 것이라
그리하면 그 성벽이 무너져 내리리니
백성은 각기 앞으로 올라갈지니라 하시매

수 6:5

노래와 외침

매주 화요일 오전에 기도회가 있다. 민족의 영적 대
각성과 세계 선교를 위해 부르짖는 기도 모임이다. 모임
에서 격주로 찬양 인도를 하는 형제님은 실력이 출중한
보컬 전문가인데 옥타브를 넘나들며 2시간 동안 노래
해도 지치지 않는다.

기도회 직후, 무대로 다가가 내가 물었다.
"형제님, 저는 기도하며 큰 소리로 외치는 건 2시간
씩 할 수 있는데, 찬양은 못해요. 어떻게 하면 형제님처
럼 노래를 잘할 수 있을까요?"

그는 마이크와 악기들을 정리하며 대답했다.

"기도할 때 부르짖듯, 노래도 그렇게 하면 돼요. 노래와 부르짖음이 비슷한 부분이 많아요."

듣고 보니 맞는 말이다. 노래나 부르짖음이나 발성법의 차이가 있을 뿐 소리를 내는 면에서 같다. 오랜 시간 부르짖을 수 있다면, 오랜 시간 노래도 할 수 있다는 뜻이다.

성경을 읽다 보면 찬양 같은 기도, 기도 같은 찬양이 등장하는데, 시편이 대표적이다. 이들을 '곡조 붙은 기도'라고도 부른다. 하나님의 하나님 되심을 노래하는 것은 찬양일 뿐 아니라 기도이기도 하다. 시편의 곡조 붙은 기도들 중에는 "큰 소리를 내는 악기들을 사용하라"라는 명령도 있다.

> 큰 소리 나는 제금으로 찬양하며 높은 소리 나는 제금으로 찬양할지어다 시 150:5

물리적인 큰 소리의 찬양이나 기도는 틀림없이 영적 세계와 연결되어있다. 큰 소리의 기도와 찬양은 영성을 바꾼다. 홍해 앞에서 사면초가였던 이스라엘의 불신자들도, 염려 기도로 시작했으나 찬양 기도로 마쳤던 한나도 마찬가지였다(출 14:1-15:21, 삼상 1:10-2:10). 그들은 처음에는 큰 소리의 원초적 기도로 시작했으나, 큰 소리의 숭고한 찬양으로 마무리했다.

그들의 기도와 찬양 사이에는 각각 하나님께서 직접 간섭하셨던 승리와 응답이 있었다. 모두 부르짖어 기도한 후에야 하나님의 역사를 목격했다. 이것이 그들의 기도 내용을 바꾸었다. 기도라기 보다 항변에 가까웠던 기도가 나중엔 큰 소리 찬양이 되었다.

원망 소리는 찬양 소리로, 고통의 단말마는 찬양의 외침으로 변했다. 부르짖는 동안 마음이 달라지고 존재가 뒤집힌 거다. 불신자는 신자가 되었고, 패배는 승리로 바뀌었다. 문제의 한숨이 찬양의 기쁨으로 역전되었다.

부르짖는 기도와 큰 소리 찬양은 이렇게 연결된다. 내면의 변화는 부르짖을 때 임한다. 존재의 변화가 부르짖을 때 생긴다. 둘 다 여전히 부르짖었으나 그 내용은 전혀 달랐다. 큰 소리 찬양은 부르짖는 기도의 결과이자 열매다. 그것은 부르짖는 기도의 또 하나의 모습이다.

부르짖는 찬양

부르짖는 기도

패배의 고통

군대 정지

출애굽 한 광야 백성들은 턱밑까지 들이닥친 죽음 앞에 부르짖었다(출 14:10). 이때 하나님은 모세를 통해 이스라엘의 불신자들에게 말씀을 주셨다.

> 여호와께서 너희를 위하여 싸우시리니 너희는 가만히 있을지니라
>
> 출 14:14

이후 하나님께서 대신 싸우셨다. 불신자들은 자신들의 외침 앞에 들었던 하나님의 말씀대로 큰 승리를 얻었다. 부르짖은 후의 승리에 크게 감격해서 큰 소리로 찬양했다(출 15:1-21).

죽음의 위기 앞에서 부르짖었던 기도, 하나님의 역사, 그리고 끝으로 주어진 큰 소리의 찬양. 이 패턴이 광야 생활의 첫 단추가 되어 이후 사십 년 동안 반복되었다. 위기 때마다 부르짖었고, 그때마다 하나님이 응답하셨던 경험이 이스라엘을 성숙하게 했다.

사십 년 동안 성장한 출애굽 2세대가 가나안에 들어섰다. 요단강을 건넌 그들은 서둘지 않고 하나님의 말씀부터 구했고, 들었다.

그때에 여호와께서 여호수아에게 이르시되 너는 부싯돌로 칼을 만들어 이스라엘 자손들에게 다시 할례를 행하라 하시매 수 5:2

이 명령 앞에 출애굽 2세대는 순종이 빨랐다. 주저함이 없었다. 사십 년이나 부르짖는 훈련이 된 그들은 모두 영적 군사였다. 그들에게는 하나님의 말씀이 곧 사령관의 명령이었다. 복종이 군사의 소명이듯, 영적 군사들은 하나님의 명령에 죽고 사는 정체성으로 하나가 되었다. 들은 말씀대로 멈춰 섰다. 그리고 가나안 입성과 동시에 할례부터 받았다(수 5:1-9).

여리고를 파괴하는 소리

드디어 훈련된 군대가 적지에 들어섰다. 이제 싸워야 했으나 가나안 정복의 첫 임무는 '정지하기'였다. 싸우지 않는 게 그들의 임무였다. 할례 이후로도 그들은 싸우지 않았다. 할례의 상처가 다 아물도록 유월절을 지키며 안식했다(수 5:10,11). 하나님과 함께 멈추었다.

절기가 끝난 후에도 싸우지 않았다. 가나안 정복의 관문이었던 여리고 성 앞에서도 멈추었다(수 5:13-15). 여호수아가 대표로 하나님 앞에 엎드려 말씀을 들었다. 거기에 여리고 성 정복 전략이 담겨있었다.

너희 모든 군사는 그 성을 둘러 성 주위를 매일 한 번씩 돌되 엿새 동안을 그리하라 제사장 일곱은 일곱 양각 나팔을 잡고 언약 궤 앞에서 나아갈 것이요 일곱째 날에는 그 성을 일곱 번 돌며 그 제사장들은 나팔을 불 것이며 제사장들이 양각 나팔을 길게 불어 그 나팔 소리가 너희에게 들릴 때에는 백성은 다 큰 소리로 외쳐 부를 것이라 그리하면 그 성벽이 무너져 내리리니 백성은 각기 앞으로 올라갈지니라 하시매 수 6:3-5

하나님의 전략은 사람이 싸우지 않는 데 있었다. 사십 년 전 홍해 앞에서와 같았다. 그들은 하나님이 싸우시는 걸 목격해야 했다.

인간적인 방법으로 여리고 성을 직접 무너뜨리려면 돌멩이라도 던지고, 성벽이라도 기어올라야 했다. 돌며 외치는 건 믿음의 사람들에게나 순종이며 싸움이었지, 불신의 눈으로 보면 싸움과 멀었다.

만약 그들의 순종을 불신의 눈으로 봤다면 어땠을까? 여리고 수비병들의 처지에서 본다면 미친 짓이었다. 도는 행위와 성벽이 무너지는 일 사이에 어떤 물리적 연결 고리가 없기 때문이다.

그러나 믿음 훈련이 되어 있던 출애굽 2세대의 관점은 전혀 달랐다. 부르짖을 때마다 하나님이 싸우시는 걸 본 이스라엘이었다. 그들에게는 '순종이 전략'이었다. 말씀대로 싸우기 위해, 이번에는 싸우지 않는 게 승리의 비책임을 알았다.

그래서 믿음으로 돌았다. 가나안이 볼 땐 '돈은 자'(정신이 이상한 자라는 은어)들일 뿐일지 모르나 믿음으로 돈은 자들에게 그것은 싸움이었다. 부르짖는 기도로 단련된 돈은 자들의 눈은 달랐다. 순종 앞에 여리고는 추풍낙엽 같았고, 그들의 승리가 코앞이었다.

칠 일 후, 순종의 마지막 날에 그들은 부르짖었다. 사령관의 명령대로 외치자 성벽이 무너졌다.

…크게 소리 질러 외치니 성벽이 무너져 내린지라… 수 6:20

승리의 비책

아빠를 등지고 선 아이는 어디서든 골목대장이다. 그를 이길 아이는 동네에 없다. 이스라엘이 그와 같았다. 하나님을 의지하며 외쳤던 자들이 여리고를 무너뜨렸다. 그들은 세 가지 순서로 싸움을 진행했다: 멈춰 서서 들었고, 순종하여 매일 에워쌌고, 끝으로 외쳐서 무너뜨렸다.

1. 멈춰 서서 들었다

순종이 능력이다. 여기엔 순서가 있다. 먼저 정지해야 한다. 여리고 앞에 선 군대는 강했다. 무려 사십 년 광야 특수훈련을 통과한 선별 부대원들, '여호수아의 군대'였다.

그들은 요단강을 건넜다고 섣불리 쳐들어가지 않았다. 열두 돌을 세우느라 멈췄고, 할례를 받기 위해 다시 멈췄고, 끝으로 여리고 성 코앞에서도 하나님의 군대 장관을 만나 멈췄다. 그들을 멈춰 세우신 하나님께서 그들과 대화하셨다. 이스라엘은 멈추었기에 그분의 말씀을 들으며 기도할 수 있었다.

우리도 멈춰 기도할 때 이긴다. 멈춰야 하나님과 대화할 수 있다. 말씀을 듣고 순종할 수 있다. 그때 이긴다.

2. 순종하여 에워쌌다

에워싸는 게 능력이다. 이는 함께해야 가능하다. 이스라엘은 사십 년 광야 생활을 통해 믿음의 공동체로 성장했다. 그들은 가나안 앞에 홀로 선, 개별 사명자가 아니었다. 가나안을 정복해 하나님의 나라를 이루는 건 공동의 소명이었다. 그들은 소명으로 하나 되어 한 몸처럼 움직였다. 말씀을 들으며 기도로 대화할 때도, 순종할 때도 함께였다. 여리고를 에워싸고 매일 함께 돌았다.

우리도 매일의 영적 전장에서 함께 움직인다. 우리는 세계 복음화의 공동 소명으로 하나다(마 28:18-20). 이를 위해 불신 세계에 영적으로 도전하며 함께 기도하는 게 크리스천의 공동체성이다. 우리 역시 같은 성경을 붙들고, 공동의 목적을 향한 순종으로 함께다.

3. 외쳐서 무너뜨렸다

여호수아의 군대가 여리고 성을 도는 동안에는 아무 일도 일어나지 않았다. 마지막 날, 함께 외쳤을 때 비로소 성이 무너졌다.

기도란 하나님과 특별한 관계라는 믿음으로 대화하는 것이다. 이스라엘은 광야에서 하나님과 특별한 관계임을 확신했다(신 26:16-19). 그들은 말씀을 듣고 순종하여 돌고 외쳤다. 이 일은 칠 일간 진행된 일종의 기도였다.

우리도 영적 군대가 되어 기도한다. 공중권세 잡은 자들의 세계를 기도로 매일 에워싼다. 또한 예수님의 이름으로 대적하며 선포한다. 외친다. 부르짖는다.

크게 외치라 목소리를 아끼지 말라… 사 58:1

The Secret of Crying Prayer

언제
부르짖어야 해?

1

불의와 우상 숭배가 있을 때

내가 여호와를 기다리고 기다렸더니

귀를 기울이사 나의 부르짖음을 들으셨도다

시 40:1

최초의 부르짖는 기도

어떤 개념을 파악하기 위해 주로 하는 일이 있다. 그것은 '최초'를 살펴보는 거다. 부르짖는 기도의 최초는 무엇일까? 성경에 최초의 부르짖는 기도는 어디에 나올까? 또 부르짖는 기도를 가장 처음으로 드린 사람은 누구일까? 이런 질문들에 답하기 위해 성경을 펼치니 소돔과 고모라 땅이 보인다.

여호와께서 또 이르시되 소돔과 고모라에 대한 부르짖음이 크고 그 죄악이 심히 무거우니 내가 이제 내려가서 그 모든 행한 것이 과연 내게 들린 부르짖음과 같은지 그렇지 않은지 내가 보고 알려하노라 창 18:20,21

그들에 대한 부르짖음이 여호와 앞에 크므로 여호와께서 이곳을

멸하시려고 우리를 보내셨나니 우리가 멸하리라 창 19:13

소돔과 고모라는 한때 잘나가던 고대 도시였다. 그러나 죄악상을 대표했던 도시로, 하나님께서 불 심판으로 소멸시키셨다. 창세기의 기록을 보면, 이 도시에는 네 가지 특징이 있었다.

1. 기름지고 풍요로운 곳이었다(창 13:10).
2. 하나님 앞에 악한, '큰 죄인의 도시'였다(창 13:13).
3. 의인이 단 한 명도 없는 타락한 도시였다(창 18:24-33).
4. 소돔과 고모라가 심판받고, 롯과 그 식구들은 은혜로 구원받았다(창 19:16).

이런 소돔과 고모라에 대해 사람들은 하나님께 부르짖는 기도를 했다. 그 응답으로 하나님은 도시를 심판하셨다.

부르짖는 기도의 네 가지 특징

소돔과 고모라의 특징을 살펴보면, 부르짖는 기도의

배경, 대상, 내용, 기능을 볼 수 있다.

1. 부르짖는 기도의 배경

소돔과 고모라가 처음부터 악의 땅은 아니었다. 원래 모습에 대한 성경의 묘사가 특별하다. "온 땅에 물이 넉넉"하고, "여호와의 동산"(에덴동산) 같고, "애굽 땅"과도 같은 곳이었다(창 13:10). 모두 풍요와 번영을 뜻한다. 모자람이 없는 생명의 땅이었다. 이런 묘사는 부르짖음과 같은 원초적 호소 거리가 없는 상태를 보여준다. 진짜 문제는 소돔과 고모라 땅 자체가 아니었음을 알 수 있다.

그렇다면 부르짖어야 하는 어려움은 어디에서 온 것인가? 바로 풍요와 번영을 다루는 사람들의 죄성에서 왔다. 오늘날도 마찬가지다. 부르짖게 된 이유는 환경이 아니라 그 중심의 죄다. 죄의 문제가 부르짖음의 배경이 된다.

2. 부르짖는 기도의 대상

부르짖는 기도의 출발점이 죄인들의 악함이었다면, 그 도착지는 하나님이었다. 사람들은 소돔과 고모라에 대해 하나님께 부르짖었다. 그분이 주신 풍요와 번성 때문이 아니었다. 그곳 사람들의 죄성과 악함이 출발점이었다.

그들의 모습은 "여호와 앞에"서 악했다(창 13:13). 그래서 사람들은 그들에 대해 하나님께 부르짖었다. 이는 마치 위법자를 위법자가 아니라 '법'에 고발하는 것과 같았다. 부르짖음의 대상은 하나님이셨다. 왜냐면 그분만이 선과 악의 분별 기준이 되시기 때문이다.

부르짖는 기도의 원인이 죄의 문제였다면, 그 해결책은 하나님이셨다. 오늘날도 이와 같다. 먼저 죄에 대한 평가가 하나님을 기준으로 이뤄진 다음, 정의에 대한 부르짖는 호소를 하나님을 향해 외쳐 올린다.

3. 부르짖는 기도의 내용
의인이 한 사람도 없다는 게 내용이다. 소돔과 고모라에 대한 부르짖음을 들으신 하나님이 심판을 위해 내려오신다(창 18:20,21). 그리고 그분의 의도를 아브라함에게 먼저 알리신다(창 18:17).

아브라함과 하나님의 대화가 일종의 논쟁으로 기록되었다(창 18:23-33). 쟁점은 "소돔과 고모라에 의인이 한 사람이라도 있는가?"였다. 창세기 18장 끝에 결론이 있다. 의인은 단 한 사람도 없었다. 그 지역 사람들은 한통속이었다. 단 한 명의 예외도 없이 하나님 앞에 죄 덩어리였다.

아브라함에게 대화로 확인시키신 하나님은 바로 다음 장에서 소돔과 고모라 사람들을 고발하신다. 그들의 죄악상을 상세히 보여주신다. 심판을 예고하러 찾아온 두 천사를 대상으로 일어난 소란과 그 결과에 대한 기록(창 19:1-11)은 차마 입에 담기도 힘든 죄악상을 보여준다.

요약하면, 최초로 등장하는 부르짖는 기도의 내용은 일반화된 죄의 진행과 그 결과에 대한 호소였다. 이것은 오늘날까지 이어졌다. 우리 역시 하나님을 향해 정의를 호소할 때, 직간접적으로 일반화된 죄악상과 그 영향 아래서 부르짖는다.

4. 부르짖는 기도의 기능

소돔과 고모라에 대해 부르짖었을 때, 하나님의 심판이 시작되었다. 부르짖는 기도의 결과였다. 하나님은 이 도시를 불로 소멸시켜 버리셨다(창 19:24, 25). 이 일은 하나님이 선택한 사람, 아브라함에게 먼저 알려졌고, 이때 은혜로 아브라함의 친족인 롯 가족이 구원을 받았다.

하나님은 공의로우신 심판주시다(시 50:6). 그분의 심판은 악에 대한 부르짖음 후에 진행되었다. 그러나 은혜의 구원도 공존했다. 심판과 구원이 부르짖는 기도의 결과였다.

이스라엘의 부르짖는 패턴

부르짖는 기도의 배경, 대상, 내용, 그리고 기능은 이후에도 반복 등장한다. 이스라엘이 홍해를 건넌 사건을 보자. 하나님은 애굽의 정예부대를 홍해에 수장시키시고, 출애굽 백성을 구원하셨다. 이때도 부르짖는 기도의 같은 패턴이 등장한다.

배경으로 풍요의 땅 애굽의 죄악상이 나오고, 그들에 대해 하나님께 부르짖었으며, 내용은 심판과 구원의 호소였고, 그 결과로 하나님의 공의와 구원이 실현되었다 (출 14:10-31, 수 24:7).

또 다른 예로, 사사 기드온 시대를 보라. 이스라엘 자손은 젖과 꿀이 흐르는 땅을 미처 다 정복하지 못했다. 이는 죄의 씨앗이 되었고, 이스라엘은 그 영향으로 외적 침략과 내적 우상 숭배 문제에 빠져 죽을 고생을 한다. 특히 미디안 족속의 죄악 때문에 고통당하며 하나님께 정의를 호소하자(삿 6:1-7) 하나님께서 정의와 은혜의 구원을 실행하셨다(삿 7:1-25).

부르짖는 기도의 패턴은 이후로도 반복된다. 타락한 곳에서, 항거할 수 없는 악에 대해 하나님께 부르짖으면 그 결과로 하나님의 공의와 구원이 실행되는 모습이다. 이들은 소돔과 고모라 땅에 등장하는, 성경 최초의 부르짖음과 그 특징을 같이 한다.

2

구원과 공급에 문제가 있을 때

모세가 여호와께 부르짖었더니…

출 15:25

이스라엘의 열두 아들 종족

구약시대, 하나님의 백성들은 태생부터 하나님의 말씀으로 사는 법을 학습했다(신 8:3). '부르짖음'이라는 안경을 쓰고 보면, 이스라엘 민족은 부르짖는 기도 전문가집단과도 같았다. 다윗의 노래가 그들의 이런 성향을 잘요약하고 있다.

내가 여호와를 기다리고 기다렸더니 귀를 기울이사 나의 부르짖

음을 들으셨도다 나를 기가 막힐 웅덩이와 수렁에서 끌어올리시

고 내 발을 반석 위에 두사 내 걸음을 견고케 하셨도다 시 40:1,2

이스라엘의 출발은 아브라함으로부터 시작된 소규모혈통 집단이었다. 그들은 야곱(이스라엘)의 열두 아들 대에 이르러 애굽에 정착했다. 이후, 그 혈통적 인구가 하

나의 민족을 이룰 수준으로 불어났을 때, 그들의 부르짖음이 시작되었다.

이 배경 역시 풍요의 땅 애굽에 있던 일반화된 죄악상이었다(출 2:23). 그리고 애굽인들이 주는 고통으로 야곱의 열두 아들 종족이 부르짖었던 대상은 하나님이셨다(출 3:9). 또한 부르짖음의 결과로 애굽의 모든 집에 심판이 가해졌다(출 12:30).

하나님의 정의는 심판으로 모든 죄인 위에 임했다. 하지만 그 심판을 피해갔던 죄인들이 있었다. 이전에 하나님께 부르짖었던 야곱의 열두 아들 종족은 예외였다. 그들만은 은혜의 구원을 받았다(출 14:1-31).

구원은 광야 여정으로 이스라엘을 인도했다. 이후 사십 년 동안 광야에서 같은 패턴이 반복된다. 이때 겪는 죄악상은 외부가 아닌 내부에 있었다. 물과 음식 등의 결핍에 대한 원망, 보이지 않는 하나님에 대한 불신으로 자행된 우상 숭배, 그리고 하나님과 하나님의 사람들에 대한 불신 등이 내부에 있었다.

야곱의 열두 아들 종족은 그들의 죄악상과 결과에 대해 광야 여정 중에 부르짖기를 반복했다. 이것은 부르짖는 기도를 통한 신앙 학습 과정이었고, 그 끝에 '이스라엘'이라는 신앙 국가가 탄생했다. 하나님은 이스라엘에게 태생부터 부르짖는 민족성을 심으셨다.

누가 부르짖었는가?

부르짖는 기도를 가장 먼저 올려드렸던 민족이 바로 이스라엘이다. 이스라엘은 특별하다. 하나님의 구원 역사의 중심에 있는 민족이다. 구약에서뿐 아니라 신약에서도 그렇다. 사도 바울은 이스라엘에 대해 다음과 같이 말한다.

그들은 이스라엘 사람이라 그들에게는 양자 됨과 영광과 언약들과 율법을 세우신 것과 예배와 약속들이 있고 조상들도 그들의 것이요 육신으로 하면 그리스도가 그들에게서 나셨으니 그는 만물 위에 계셔서 세세에 찬양을 받으실 하나님이시니라 아멘

롬 9:4,5

그러나 모든 이스라엘이 아니라, 하나님을 믿는 이스라엘인만이 하나님이 주시는 구원을 받는다고 이어 말한다.

> 또한 이사야가 미리 말한 바 만일 만군의 주께서 우리에게 씨를 남겨 두지 아니하셨더라면 우리가 소돔과 같이 되고 고모라와 같았으리로다 함과 같으니라 롬 9:29

사도 바울은 이스라엘을 향하신 하나님의 구원 계획이 어떻게 이스라엘 혈통을 넘어서는지를 설명한다. 이때 소돔과 고모라를 상기시키시는 건 우연이 아니다. 이 이야기가 부르짖는 기도의 출발점이기 때문이다.

하나님께서 광야 사십 년간 하나의 가문을 신앙 민족, 이스라엘로 바꾸시는 과정에서 부르짖는 기도를 선용해주셨다. 이스라엘의 구원은 그들의 혈통이 아니라, 부르짖는 기도의 대상이신 하나님께 달린 일이었다.

또한 사도 바울은 로마서 9장에서 소돔과 고모라를 예로, 구원이 왜 이스라엘의 혈통에만 제한된 게 아닌지를 보여준다. 구원은 이스라엘의 혈통이 아닌, 그들의 믿음의 태도, 영적 혈통으로 받는 하나님의 은혜에 의한 거였다.

그래서 혈통 이스라엘이 아닌 이방인들 역시 구원받는 영적 이스라엘이 될 수 있었다. 예수께서 사도 바울에게 주셨던 사명은, 이 부분을 혈통 이스라엘과 영적 이스라엘 양편 모두에게 가르치라는 거였다.

주께서 이르시되 가라 이 사람은 내 이름을 이방인과 임금들과 이스라엘 자손들에게 전하기 위하여 택한 나의 그릇이라 행 9:15

여기에 이스라엘을 향하신 하나님의 뜻이 담겨있다. 이스라엘은 복음 전파 사명의 주체인 동시에 대상이기도 하다.

부르짖는 기도와 이스라엘과 나

구약시대부터 하나님은 이스라엘을 잊은 적이 없으시다. 심지어 초대교회의 핵심 리더십인 베드로와 바울도 유대인이었고, 모두 친이스라엘적이었다. 동시에 둘은 예루살렘 교회를 이방인을 위한 복음의 길로 안내했다(행 9:1-10:48).

그중에서도 바울에게는 "이방인과… 이스라엘 자손들"을 위해 하나님이 택한 그릇이라는 소명이 주어졌다. 바울은 소명을 완수했다(딤후 4:7).

그 결과 이천 년을 건너뛰어, 영적 혈통으로 연결된 우리도 하나님의 구원에 믿음으로 참여하게 되었다.

시간이 지나도 진리는 진리다. 부르짖음의 진리도 불변한다. 구약 이스라엘 백성들은 광야에서 내적 죄악상을 보였고, 이에 이스라엘이 함께, 혹은 모세가 대표로 하나님께 부르짖었다(출 15:25).

영적 이스라엘로 연결된 우리도 그들과 같은 모습으로 하나님께 나가고 있다. 내적 죄악상에 대해 스스로 부르짖거나 우리 안에서 성령 하나님께서 대신 부르짖고 계신다(롬 8:26).

원망의 부르짖음

광야에서 믿음의 민족으로 바뀌는 훈련 중이던 이스라엘의 죄악상을 한마디로 표현하면 '우상 숭배'였다. 그들은 황금 송아지를 만드는 죄를 짓기도 했다(출 32:4). 그러나 이는 빙산의 일각이었다. 대부분의 시간에 광야 백성들은 원망의 부르짖음을 통해 자신들의 우상 숭배적 속성을 나타냈다.

예를 들어, 홍해를 건넌 직후에 이스라엘의 부르짖음은 결핍의 문제에 대한 거였다(출 15:24-26). 이는 우상 숭배적이었다. 우상 숭배란 '하나님 외의 다른 것을 하나님처럼 의지하는 태도'를 말한다. 이는 적극적으로는 보이는 형상을 자신들이 임의로 만들어서 신처럼 받들어 경배하는 행위로 나타난다.

동시에 소극적으로는 어떤 문제에 봉착했을 때, 하나님보다 개인의 능력들을 더 의지하는 표현으로 나타난다. 이때 우상 숭배는 주로 '원망'이라는 형태로 표현된다. 물 부족 앞에서 광야 백성들이 보여준 원망은 그들이 보여준 우상 숭배의 소극적 모습 중 하나였다.

그들을 구원하신 하나님께서 구원 여정에 도사리고 있는 문제들 역시 해결하실 걸 믿고 의지해야 마땅했다. 왜냐면 그들은 누구보다 하나님을 경험했기 때문이었다(암 3:2). 이미 하나님의 구원을 듣고 보았으며 수많은 기적과 이적을 직접 체험했다.

직전에는 홍해를 마른 땅처럼 건넜고, 적들이 수장되는 걸 보았다. 그래서 그들은 하나님의 구원을 직접 춤추며 노래하기까지 했다(출 15:1-21). 그러나 물 부족 문제가 터지자 태도가 180도 변했다.

구원의 하나님은 일시적으로 물 문제를 허용하셨다(출 15:22). 이스라엘은 부르짖어 하나님을 적극적이고 원초적으로 의지할 기회를 얻었다. 그들의 믿음을 보여드릴 순간이었지만, 아쉽게도 부르짖는 대신 원망했다(출 15:22-27).

그 원망에는 오직 자기 자신을 믿는 신앙만 남아있었다. 물 부족은 스스로 해결할 수 없는 문제였기에 하나님을 의지하면 될 일이었다. 그러나 하나님 의지하기를 거부했다. 마치 우상을 만들 때 자기 모습을 그것에 투

영시켜 만들듯, 자신의 불능을 하나님께 투영했다. 물 문제를 해결하지 못하는 자기 실패를 하나님의 실패로 간단히 치부해버렸다. 그래서 원망했다.

원망도 부르짖는 기도도 둘 다 비슷하다. 하지만 하나는 망하는 길이고, 다른 하나는 살고 이기는 길이다.

모세의 부르짖음

이스라엘의 원망 앞에 모세가 나섰다. 모두를 대신해서 하나님께 부르짖었다. 물이 변하여 포도주가 되듯, 그는 이스라엘의 원망을 부르짖는 기도로 바꾸었다.

모세가 여호와께 부르짖었더니… 출 15:25

하나님은 언제나 동일하셨다. 소돔과 고모라에서 역사하셨던 하나님이 광야에서도 같은 방법으로 일하셨고 응답하셨다. 모두를 대신해서 한 나무를 죽음의 물에 수장시키셨고, 그 결과 원망하는 자들이 은혜의 구원을 얻어 해갈했다.

…여호와께서 그에게 한 나무를 가리키시니 그가 물에 던지니 물이 달게 되었더라 … 출 5:25

하나님은 영적 이스라엘, 믿음의 백성에게도 동일하게 역사하셨다. 우상 숭배적 요소들로 가득한 우리에게 모세와 같은 선지자를 보내주셨다(행 3:22). 모세는 그분의 그림자에 지나지 않았다(히 10:1). 그분은 모든 선지자보다, 또 모세보다 뛰어나신 분, 예수님이시다(히 3:1-6).

예수님은 하나님께서 보내사 나무에 달아 죽음에 던지신 구원자시다(벧전 2:24). 그분 외에 하나님이 주신 구원의 길은 없다(요 14:6). 예수님 외에 어떤 구원의 대상도 우리에게 보내신 적이 없으시다(행 4:12).

예수님을 믿는 사람들은 영적 이스라엘이 되었다(롬 9:8). 하나님은 그들에게 성령 하나님을 선물로 주셨다(행 2:38). 성령님은 죄인들을 대신해 하나님 앞에 탄식함으로 부르짖는 일을 하신다.

이와 같이 성령도 우리의 연약함을 도우시나니 우리는 마땅히 기도할 바를 알지 못하나 오직 성령이 말할 수 없는 탄식으로 우리

를 위하여 친히 간구하시느니라 롬 8:26

그런 사람들은 또한 성령님에 힘입어 하나님 앞에 담대히 부르짖는다.

너희는 다시 무서워하는 종의 영을 받지 아니하고 양자의 영을 받았으므로 우리가 아빠 아버지라고 부르짖느니라 롬 8:15

3

개인의 문제를 해결해야 할 때

한나가 마음이 괴로워서 여호와께 기도하고 통곡하며

삼상 1:10

자식의 문제를 해결해주는 기쁨

내 딸들은 아직 어리다. 둘 다 나를 자주 찾는다. 주로 두 가지 경우에 나를 부르는데, 하나는 놀아달라고 할 때고, 다른 하나는 해결해야 할 문제를 만났을 때다.

서재에서 설교 준비를 하고 있었다. 유치원생 둘째가 거실에서 급히 "아빠"를 외쳐 불렀다.

"아빠~ 아빠아~!!"

아이의 다급한 목소리를 듣고 놀란 나는, 무슨 일인가 싶어서 뛰쳐나가며 소리쳤다.

"무슨 일이야?! 괜찮아?"

아이는 울먹이며 하소연했다.

"아빠, 아무리 찾아도 없어… 아빠~."

아이는 거실에서 색칠 놀이 준비를 하고 있었다. 그런 데 꼭 필요한 분홍색 크레파스가 제자리에 없었다. 아이에게는 큰일이었다. 분홍색이 없다면 나의 공주인 딸은 색칠 놀이를 할 수 없기 때문이었다.

그래서 내가 어떻게 했을까? 중년 남성이자, 한 가정의 가장, 그리고 선교적 교회 모임들의 대표이며, 여러 세미나와 집회의 주 강사이고, 여러 책도 쓴 나는 조그마한 크레파스의 빈자리를 무시했을까? 그저 설교 준비가 더 중요한 일이라며 분홍색 크레파스를 찾아 울먹이는 딸을 모른 척했을까? 아니면 별일 아닌 것, '없어진 분홍색 크레파스'를 찾아주었을까? 답은 말하지 않아도 쉽게 짐작할 것이다. 거실 구석구석을 뒤져서 결국 찾아주었다.

그때 나는 설교 준비와 크레파스를 비교하지 않았다. 아이에게는 크레파스가 문제였지만, 내게는 아이가 날 찾고 있다는 기쁨이 더 크게 다가왔다. 유치원생 딸이 겪는 문제란 내 눈에는 죄다 별일이 아니다. 그렇지만 아이의 사소한 문제가 무조건 크게 다가오는 데는 세 가지 이유가 있다.

우선 내가 아이를 사랑하기 때문이다. 또한 아이가 나를 의지한다는 게 내 행복이다. 그리고 딸의 문제를 해결해주는 게 무한한 기쁨이기 때문이다. 인간사 거기서 거기다. 내 딸과 나 사이만이 아니라, 세상 모든 자식이 비슷하다. 자식은 아빠의 거의 전부다. 그 사랑하는 아이가 나를 애타게 필요로 한다는 건 내 존재에 무한한 의미를 부여한다.

만약 내 딸이 해결할 수 있는 문제라면 해결했을 거다. 아이가 아빠를 의지한다는 건, 그 문제를 자기 스스로 해결할 수 없다는 뜻이다. 그것이 아빠의 행복이다. 만약 그녀의 문제가 너무 커서 아빠인 나조차도 해결할 수 없다면? 그것은 상상도 하기 싫은 슬픈 일이다.

일용할 양식도 달라고 기도하라니!

인간 아빠조차 자식의 부르짖음 앞에서 즉시 응답한다면, 하늘 아빠는 어떠시겠는가? 아빠와 자식의 비유는 하나님과 당신 사이의 관계이다. 성경이 증언한다. 예수님 안에서 하나님이 당신의 "아빠"시다(롬 8:15, 엡 1:5).

생각해보라. 그분이 해결하시지 못할 문제가 있겠는가? 심지어 그분은 창조주시다(창 1:1). 창조주는 우리의 어떤 문제들보다 비교할 수 없을 크기로 크신 분이다. 그분이 해결할 수 없는 문제란 어디에도 없다.

그런 능력자가 우리를 지극히 사랑하신다(엡 3:18). 심지어 그 증거로 독생자의 생명까지도 다 내어 주실 정도다(롬 5:8). 그분만이 아니다. 하나님 아빠가 적극적으로 당신 문제의 해결을 바라신다(요 16:23-27). 또한 해결해주실 때는 단순히 램프의 지니가 아닌, 창조주의 최선으로 해결해주신다(빌 4:6,7).

그분에게는 작은 문제일지언정 그냥 지나치시지 않는다. 그분은 자식들의 문제를 사랑의 크기만큼이나 상세히 간섭하신다. 심지어 주님은 우리에게 '하루 먹을 양식'조차 구하라고 하셨다.

그러므로 너희는 이렇게 기도하라 하늘에 계신 우리 아버지여…
오늘 우리에게 일용할 양식을 주시옵고… 마 6:9-11

그분은 우리의 아주 작은 것조차 해결해주기를 원하

시는 선한 아빠시다. 우리가 직면한 모든 문제를 해결하길 원하시며, 그분을 의지하는 걸 기뻐하신다. 달라고 구하기 전부터 주님은 하늘 아빠에게 "구하라"라고 하시며, 그것이 우리의 기쁨이 될 거라고 말씀하실 정도다.

> 지금까지는 너희가 내 이름으로 아무것도 구하지 아니하였으나 구하라 그리하면 받으리니 너희 기쁨이 충만하리라 요 16:24

사랑하면 공감한다. 자식의 기쁨이 곧 아빠의 기쁨이 된다. "내 힘으로는 문제 해결이 안 돼요! 도와주세요!"라고 부르짖어보라. 하늘 아빠는 반드시 응답하신다. 모든 문제를 해결해주길 원하시는 그분이 우리에게 구하라고 명령하셨다. 예수 안에서, 그분의 이름으로 구하면 주겠다고 약속하셨다.

4

원망이 올라올 때

이스라엘 자손이 다 모세와 아론을 원망하며

온 회중이 그들에게 이르되

우리가 애굽 땅에서 죽었거나

이 광야에서 죽었으면 좋았을 것을

민 14:2

능력 없는 부르짖음

부르짖는 기도는 하늘 아빠의 마음을 움직이는 힘이 있다. 그러나 부르짖는다고 다 기도는 아니다. 똑같이 부르짖더라도 하나님을 향한 믿음이 아니라 원망으로 부르짖는다면 아무 능력이 없다. 성경에 그런 능력 없는 부르짖음이 등장한다.

온 회중이 소리를 높여 부르짖으며 백성이 밤새도록 통곡하였더라 민 14:1

이 부르짖음은 기도가 아니라 원망이었다. 이스라엘은 가나안 경계에 도착했지만 막 신앙훈련이 시작된 때였다. 그들은 애굽에서 나온 후, 하나님만 의지하는 신앙 연단 과정에 들어섰다. 광야 훈련의 내용은 부르짖기와 관련이 있었다. 한마디로, "문제를 만날 때마다 믿음으로 하나님께 부르짖기"였다.

가나안의 경계에 도달했던 그들은 이미 하나님의 능력을 목격했다. 반석에서 물이 솟고, 하늘에서 음식이 내리며, 하나님께서 대적을 물리치시는 것도 경험했다. 하나님의 하나님 되심에 대한 직접 경험이 빼곡히 쌓였다. 그런데도 여전히 그분을 믿지 못했다.

그들의 불신은 쉽게 깨지지 않았다. 하나님께서 가나안으로 이끄시는 것뿐 아니라, 가나안 땅 자체에 대해서도 의구심이 많았다. 그래서 정탐꾼 열두 명을 먼저 들여보냈다. 그들은 '하나님께서' 가나안을 정복하게 하실 걸 믿는 대신, 그곳이 '자신들이' 정복할 만한 땅인지 확인하고자 했다.

그로부터 사십 일이 지났다. 정탐을 마친 열두 명이 복귀했다(민 13:25). 그들 중 열 명이 하나님을 불신하여 '가나안은 자신들의 힘으로 도저히 정복할 수 없는 곳'이라는 정탐 보고를 했다(민 13:31-33).

이에 광야의 이스라엘 백성들은 부르짖었다. 그 내용이 민수기 14장이다.

이스라엘 자손이 다 모세와 아론을 원망하며 온 회중이 그들에게 이르되 우리가 애굽 땅에서 죽었거나 이 광야에서 죽었으면 좋았을 것을 어찌하여 여호와가 우리를 그 땅으로 인도하여 칼에 쓰러지게 하려 하는가 우리 처자가 사로잡히리니 애굽으로 돌아가는 것이 낫지 아니하랴 민 14:2,3

불신자들의 부르짖음은 기도가 아니라 '원망'이었다. 부르짖는 기도나 원망은 모양이 비슷하다. 그 차이는 '믿음'에 있다. 믿음의 부르짖음은 기도지만, 불신의 부르짖음은 기도가 아니다. 그것은 원망에 지나지 않는다.

죄의 노예로 돌아가는 것

원망이란 하나님을 의지하지 않을 때 일어나는 부르짖음의 모습이다. 그것은 하나님의 뜻을 거스른다. 이스라엘의 불신자들이 하나님을 믿지 않는 다른 지휘관을 세우려고 한 걸 보라. 그들의 목적은 하나님의 역사를 수포로 돌리는 거였다.

> 이에 서로 말하되 우리가 한 지휘관을 세우고 애굽으로 돌아가자
> 하매 민 14:4

여기서 우리는 원망의 목적을 알 수 있다. 애굽 노예로 돌아가는 것. 비전은 '악평'하되 과거는 '미화'하는 것(민 13:32). 그리고 하나님의 능력에 대한 불신을 확정 지으려는 것이었다.

원망은 부르짖는 기도와 상극이다. 광야의 불신자들은 가나안 땅을 정탐한 직후, 불신 지휘관을 세우려고 했는데, 그 목적은 '애굽으로 돌아가자는 것'이였다(민 14:4). 부르짖는 기도는 광야 여정의 문제들을 하나님의 능력으로 해결하는 믿음의 방법이다. 하지만 원망은 하나님의 능력을 가져오는 연결 고리를 끊어버려 광야 생활을 불가능하게 만든다.

하나님이 없는 하나님의 백성들은 광야에서 무능하다. 불신자들에게는 선택지가 많지 않다. 노예 생활로 돌아가는 차악(次惡)이 그들의 최선이다. 구약 광야 생활

은 신약 교회인 우리 신앙생활의 그림자와 같다. 오늘 우리의 원망 역시 목적이 같다. 원망은 크리스천을 다시 죄의 노예로 바꾼다.

모세를 세워 이스라엘을 구원하신 하나님께서 독생자 예수 그리스도를 중보자로 세우셔서(히 9:1-28) 우리를 모든 죄와 그 영향력으로부터 구원하셨다. 우리는 믿음으로 예수님과 함께 십자가에 못 박혀 죽었고, 예수님과 함께 부활하여, 예수님과 함께 살고 있다(갈 2:20).

우리는 죄의 노예에서 하나님의 자녀로 신분이 완전히 바뀌었다. 새 길이 펼쳐졌다(고후 5:17). 하나님나라를 향해 전혀 다른 항로로 진행하는 인생이 되었다(눅 13:24). 그래서 다시 죄의 노예로 돌아갈 필요가 없다(벧전 2:16). 만약 새로워진 인생 항로에서 문제를 만난다면, 그때마다 원망을 포기하고 부르짖는 기도를 선택하면 된다.

우리가 알거니와 우리의 옛사람이 예수와 함께 십자가에 못 박힌 것은 죄의 몸이 죽어 다시는 우리가 죄에게 종 노릇하지 아니하려 함이니 롬 6:6

과거를 미화하고 불신을 확정 짓는 것

광야의 불신자들은 보이지 않는 고무줄에 묶인 듯했다. 문제만 생기면 뒤를 돌아보며 되돌아가려 했다. 처음에 음식 원망을 했을 때부터 그랬다.

> … 원망하여 … 이르되 우리가 애굽 땅에서 고기 가마 곁에 앉아 있던 때와 떡을 배불리 먹던 때에 여호와의 손에 죽었더라면 좋았을 것을 너희가 이 광야로 우리를 인도해 내어 이 온 회중이 주려 죽게 하는도다 출 16:2,3

그들은 과거를 있는 그대로 돌아보지 않고 미화했다. 현재는 악평했고, 미래상에는 먹칠을 했다. 원망은 과거를 미화한다. 예수님을 믿고 새로워진 많은 인생도 그렇다. 자꾸만 세속의 일을 그리워한다.

이스라엘의 불신자들은 영적으로 음란한 신부와 같았다. 그들은 영적 신랑이신 하나님을 끊임없이 떠나고자 했다. 하나님의 구원 이전의 애굽 노예 생활을 미화하며 그리워했다.

오늘날 거듭난 크리스천이 하나님을 원망할 때의 모습이기도 하다. 음란한 여인이 옛 남성들을 그리워하듯, 크리스천 대부분이 그리스도에게서 떠나기를 소원하며 살아간다. 원망은 영적 간음으로 길을 낸다. 야고보서에 따르면, 이런 모습은 하나님과 원수가 되는 길이다.

간음한 여인들아… 그런즉 누구든지 세상과 벗이 되고자 하는 자는 스스로 하나님과 원수 되는 것이니라 약 4:4

광야의 불신자들은 원망으로 부르짖었다. 그 이유는 열두 정탐자 중 불신자들의 첩보를 들었기 때문이다(민 13:31-33). 하지만 그들은 불신 첩보뿐 아니라, 믿음의 정보도 들었다.

갈렙이 모세 앞에서 백성을 조용하게 하고 이르되 우리가 곧 올라가서 그 땅을 취하자 능히 이기리라 하나 민 13:30

불신자들에게 두 가지 선택지가 주어졌다. 하나는 하나님이 이끄시는 땅에 대한 불신이고, 다른 하나는 신앙이었다. 하나는 안 된다는 거고, 다른 하나는 된다는 정보였다. 하지만 광야의 그들의 선택은 '불신'이었다. 아직 가보지도 않은 땅에 대한 불신을 확정 지으며 불평했다. 그들은 갈렙이 했던 믿음의 보고는 무시하기로 선택했다.

이처럼 원망은 불신을 확정 지으려는 경향성이다. 하나님이 주신 약속을 자신의 부정적 판단으로 끝장내려는 의도다.

원망은 기도가 아니다

부르짖는다고 다 기도가 아니다. 부르짖음은 누구나 할 수 있는 외적 표현이다. 중요한 건 그 중심이다. 왜 부르짖는지가 중요하다. 만약 원망으로 부르짖는다면 거기에는 아무 능력이 없다. 겉보기에 기도 같아도, 그 중심에 하나님의 말씀이 이뤄질 것에 대한 신앙이 없다면 원망에 지나지 않는다.

원망. 하나님의 뜻을 거스르기 위한 과거 지향성. 이것은 부르짖는 기도와 상극을 이룬다.

5

회개해야 할 때

에스라가 하나님의 성전 앞에 엎드려 울며 기도하여

죄를 자복할 때에 많은 백성이 크게 통곡하매…

스 10:1

이스라엘의 올무

출애굽 1세대가 모두 죽었다. 믿음의 첩보를 가져왔던 여호수아와 갈렙을 제외하고는 광야에서 죽었다(민 14:22, 23). 결국 약속의 땅 가나안에는 출애굽 2세대만 들어갔다. 그러나 그들 역시 1세대와 별반 다르지 않았다. 광야에서만큼이나 가나안에서도 불신의 죄를 반복했다.

원래 가나안 땅은 소돔과 고모라와 크게 다를 바 없는 곳이었다. 하나님께서 가증히 여기시는 것이 가득했다. 출애굽 2세대는 이곳을 하나님의 뜻대로 진멸해야 했다. 만약 그러지 않는다면, 그들이 이스라엘의 발목을 잡아 신앙을 방해하는 덫이 될 것이었다.

네 하나님 여호와께서 네게 넘겨주신 모든 민족을 네 눈이 긍휼

히 여기지 말고 진멸하며 그들의 신을 섬기지 말라 그것이 네게

올무가 되리라 신 7:16

이스라엘은 연약했다. 그들의 믿음은 작았다. 하나
님을 향한 믿음이 아예 없지는 않았다. 하나님이 기적
적 승리나 문제 해결을 주신 직후에 환호하는 정도의
믿음이었다. 그 믿음은 가나안의 악행을 역전시킬 수
준은 아니었다.

이스라엘은 하나님의 명령에 불순종했다. 가나안을
진멸하지 않고 일부를 남겼다. 하나님의 경고대로 이 불
순종은 덫이 되었다. 남은 가나안 사람들은 이후부터 오
늘날까지 이스라엘의 '올무'가 되었다.

사사 시대와 왕들의 시대

가나안 사람들이 끊임없이 이스라엘을 괴롭혔다. 물
리적, 정신적, 영적으로 이스라엘의 올무 역할을 제대로
했다. 가나안에 들어간 이스라엘 역시, 출애굽 이전에

노예살이로 부르짖던 선조처럼 되고 말았다.

이때 하나님은 이스라엘에게 사사 시대를 허락하셨다. 이들에게 일시적 구원자인 사사를 주셨다. 가나안 민족들의 괴롭힘으로 부르짖을 때마다 사사를 주셔서 문제를 해결하게 하셨다. 그리고 반복되었다. 풍요 때문에 다시 가나안의 풍습을 좇아 하나님을 떠났고, 가나안 민족이 일어나 그들을 괴롭히면 다시 부르짖어 구원을 얻었다.

사사 시대의 부르짖음과 구원의 패턴 끝에 이스라엘은 회개할 만했다. 하지만 그들은 회개 대신 '왕'을 구했다. 당시 왕은 싸움 전문가였다. 이스라엘의 심보는 고약했다. 이스라엘은 회개가 싫었지만, 죄의 결과는 피하고 싶었다. 그들은 '고통과 부르짖음 그리고 사사를 통한 일시적 구원'이라는 패턴에 신물이 나 있었다.

더 이상 부르짖는 것조차 귀찮았다. 죄는 지속하되, 죄의 결과로 닥치는 고통의 문제만 신속히 해결해줄 전문가가 있으면 좋겠다고 판단했다. 이에 왕을 달라고 하나님께 요구했다(삼상 8:5).

하나님은 이스라엘에게 왕의 시대를 열어주셨다. 다만 왕이 하나님을 섬겨야 한다는 조건이 있었다. 끊임없이 하나님을 떠나고자 하는 불신 이스라엘을 대표해서, 왕은 하나님의 사람이어야 했다(삼하 7:14). 하나님이 기름부으셔서 왕들을 세우셨는데, 기름을 바른다는 것에는 '너는 내 것'이라는 하나님의 표현이 담겨있었다.

문제는 왕들 역시 하나같이 하나님을 떠났다는 데 있었다. 결국 이스라엘은 남과 북으로 쪼개졌다. 북이스라엘과 남유다로 나뉘어서 이름뿐인 '하나님의 나라'로 연명하다가 각각 외국으로 팔려 갔다. 북이스라엘은 앗수르에 정복당했고, 남유다는 바벨론의 포로로 끌려가 버렸다.

귀환자들의 변질

'가나안 정복'이라는 출애굽의 비전은 끝장나고, 하나님의 약속은 사라지는 듯했다. 그리고 칠십 년이 지났다. 그러나 이스라엘의 실패는 하나님의 약속에 어떤 영향을 주지 못했다(마 3:9). 하나님의 약속은 불변했다. 가나안 땅으로 다시 믿음의 사람들이 몰려갔다. 포로 귀환의 시작이었는데, 이는 선지자들을 통해 하나님께서 이미 주셨던 약속대로였다(렘 25:11-14).

귀환자들은 특별했다. 칠십 년이나 바벨론에 살면서도 바벨론화 되지 않은 신앙인들이며, 하나님의 약속을 간직한 헌신자들이었다. 그들의 모습은 구약 에스라서에도 잘 기록되어있다. 그런데 에스라서의 마지막을 보면 좀 암울하다. 귀환자들마저 가나안인의 죄악에 오염되는 모습, 이에 대해 에스라를 중심으로 울부짖어 회개하는 모습이 기록되어있다(스 10:1).

에스라서는 포로 복귀 이후의 이야기를 다룬다. 그중에서도 뒷부분에는 두 번째 귀환자들의 이야기가 나온다. 그들은 첫 번째 귀환자들보다 더 어려운 상황에서 헌신했다. 칠십 년이나 지낸 터전을 포기하고 하나님나라 재건을 위해 가나안으로 복귀했다. 그야말로 큰 결단과 도전을 감행한 소명자들이었다.

그들이 복귀한 후에는 어떻게 되었을까? 출애굽 때부터 주셨던 가나안 정복의 비전이 성취되었을까? 이스라엘 나라가 대대적으로 회복되었을까? 하나님의 영광이 더욱 열방 가운데 드러나게 되었을까?

슬프게도, 모두 아니다. 귀환자들 역시 가나안의 죄인들처럼 변했다. 그들은 우상 숭배자들과 동질의 이상한 존재로 전락해버렸다. 에스라서의 마지막 두 장은 이들에 대한 고발로 시작되어, 부르짖어 회개하는 모습으로 마무리된다.

고발

포로 귀환 때 돌아온 사람들, 즉 백성들, 제사장들, 레위 사람들에게는 목적이 있었다. 바로 성전을 짓기 위함이었다. 이스라엘 재건의 기초는 성전이었다. 그들의 신앙 중심에 말씀이 있었고, 말씀 집행의 중심에는 성전이 있었다. 성전부터 회복하는 게 바른 순서였다.

그런데 성전 재건의 중책을 맡은 소명자들이 가나안인들과 가까이하며, 동질의 죄인들로 전락했다. 에스라는 다음과 같은 고발을 들었다.

이 일 후에 방백들이 내게 나아와 이르되 이스라엘 백성과 제사
장들과 레위 사람들이 이 땅 백성들에게서 떠나지 아니하고 가나
안 사람들과 헷 사람들과 브리스 사람들과 여부스 사람들과 암몬
사람들과 모압 사람들과 애굽 사람들과 아모리 사람들의 가증한
일을 행하여 그들의 딸을 맞이하여 아내와 며느리로 삼아 거룩한
자손이 그 지방 사람들과 서로 섞이게 하는데 방백들과 고관들이
이 죄에 더욱 으뜸이 되었다 하는지라 스 9:1,2

그들은 통혼으로 가나안의 우상 숭배를 답습했다. 이
모습은 왕들의 시대에서 크게 나아진 바가 없었다. 아
니, 전혀 발전이 없었다. 사실 성전을 처음 지어 올렸던
소명자, 솔로몬부터 그랬다.

솔로몬 왕은 수많은 후궁을 거느리는 죄를 지었다. 더
나아가 후궁들이 갖고 들어온 전 세계의 우상들을 이스
라엘 구석구석에 배치했다. 성전은 첫 건설 때나 재건
때나 죄 범벅이었다. 가장 거룩해야 하는 건물의, 거룩
해야 할 건설자들이 하나님 앞에 가증했다. 진정성이 없
었다.

…방백들과 고관들이 이 죄에 더욱 으뜸이 되었다 하는지라

스 9:2

이어지는 고발 내용은 리더십에 대한 거였다. 그중에서도 죄짓는 일에 "더욱 으뜸이 되었다"라고 기록했다. 성전 회복과 국가 회복의 소명자 중에서도 방백들과 고관들은 리더십이었다. 그들은 재건자의 진정성을 지켜야 할 책임이 있었다. 그들마저 가증함을 떠나지 않았고, 우상 숭배자들을 변화시키기는커녕 함께 가증한 일을 행했다.

귀환자들을 위한 부르짖음

이 소식을 듣고 에스라는 참담했다. 가장 거룩해야 하는 일이 가장 세속적으로 변질한 걸 견딜 수 없었다. 그는 결국 부르짖기 시작했다.

내가 이 일을 듣고 속옷과 겉옷을 찢고 머리털과 수염을 뜯으며 기가 막혀 앉으니 이에 이스라엘의 하나님의 말씀으로 말미암아 떠는 자가 사로잡혔던 이 사람들의 죄 때문에 다 내게로 모여오

더라… 스 9:3,4

에스라가 부르짖자 사람들이 모였다. 아직 죄짓지 않고 남아있던 귀환자들이었다. 부르짖는 한 사람이 무명의 신앙인들을 결집했다. 그리고 함께 부르짖었다.

에스라가 하나님의 성전 앞에 엎드려 울며 기도하여 죄를 자복할 때에 많은 백성이 크게 통곡하매 이스라엘 중에서 백성의 남녀와 어린아이의 큰 무리가 그 앞에 모인지라 스 10:1

6

기막힌 상황 속에 있을 때

내가 이 일을 듣고 속옷과 겉옷을 찢고
머리털과 수염을 뜯으며 기가 막혀 앉으니

스 9:3

에스라의 모범

정작 부르짖어야 할 죄인들은 부르짖지 않았다. 오히려 하나님의 사람이 부르짖었다. 성전 재건의 임무를 맡은 귀환자들의 죄와 하나님의 거룩 사이에 에스라가 섰다. 거기서 그의 마음은 산산조각 찢겼다. 그 마음을 표현하듯 겉옷을 찢고 머리털과 수염을 쥐어뜯으며 한탄했다(스 9:3,4).

한 사람의 부르짖는 기도가 사람들을 모았다. 남의 죄를 자신의 죄로 끌어안았던 한 사람 곁에 하나님을 경외하는 사람들이 하나둘 모였다. 그들은 이미 귀환자들의 죄악상을 알고 있었다. 다만 어떻게 대처해야 할지 몰랐다. 그런 그들의 눈에 에스라가 부르짖는 모습이 들어왔다.

에스라는 무엇을 가르치지 않았다. 귀환자들의 죄를 말해주거나, 무엇이 죄고 아닌지를 가르쳐준 게 아니었다. 대신 부르짖음으로써 다른 사람들이 참여할 수 있는 여지를 주었다.

…다 내게로 모여오더라… 스 9:4

부르짖는 기도는 깃발과도 같다. 영적 전쟁 중 사람들을 결집하는 힘이 있다. 조용한 기도로는 사람들이 모이지 않는다. 운동력이 없다.

기도 결집력과 말씀 집중력

에스라와 함께 일어난 회개 기도 운동은 하나님의 말씀에 대한 집중력을 낳았다. 모여있는 사람들이 들었던 그의 부르짖는 내용을 보면 알 수 있다. 그것은 모세오경의 요약이자 당시 상황에 대한 적용이었다(스 9:6-15).

하나님께서 어떻게 인도하셨는지에 대한 역사적 사실, 하나님 앞에 이스라엘이 죄를 범한 내용, 그런데도 하나님이 베풀어주셨던 은혜로 아직 생존해 있는 현실.

에스라 기도 모임은 이스라엘 신앙 공동체 재건의 반석이 되었다. 이제 기도자들은 에스라의 기도를 통해 들었던 하나님의 말씀을 기도 제목으로 삼아 함께 부르짖기 시작했다.

> 에스라가 하나님의 성전 앞에 엎드려 울며 기도하여 죄를 자복할 때에 많은 백성이 크게 통곡하매 이스라엘 중에서 백성의 남녀와 어린아이의 큰 무리가 그 앞에 모인지라 스 10:1

중보자 사역

하나님의 말씀과 사람들의 죄 사이에 회개 기도자들이 모였다. 그들은 말씀대로 함께 통곡하며 기도했다. 회개 내용은 자신들의 죄 때문이 아니라 타인의 죄를 위한 울부짖음이었다. 거기에는 세 가지 이유가 있었다.

첫째, 하나님의 뜻 때문이었다.
원래 죄인들은 제각각이었다. 하나님은 그들이 출애

굽의 역사와 광야 여정을 통해 하나의 신앙 공동체가 되기를 바라셨다. 기도자들은 이런 하나님의 뜻을 위해 기도했다. 하나님의 뜻이 이 땅에서 이뤄지도록 울부짖었다.

둘째, 소망 때문이었다.

기도자들은 하나님의 사람들이었다. 하나님의 뜻이 곧 그들의 뜻이었다. 문제는 하나님의 뜻이 여전히 이뤄지지 않고 있는, 하나님이 원하시는 신앙 공동체가 되지 못하는 현실이었다(잠 13:12). 그에 대한 고통이 부르짖음으로 터져 나왔다.

끝으로, 좋아서였다.

기도 모임이 좋았다. 하나님나라가 완성되는 소망에는 못 미쳐도, 기도자들이 모여있는 그 자리는 완성에 가장 가까운 모델이었다.

당시 귀환자들의 모임은 하나님이 바라시는 이스라엘 신앙 국가와는 거리가 멀었다. 그 첫 단추인 성전 재건조차 엉망이었다. 그러나 기도자들은 암울한 현실 때문에 하나님의 비전을 포기할 수는 없었다. 그래서 하나님의 뜻을 실행해 달라는 간절한 소망의 부르짖음을 함께 올렸다. 소망이 이뤄지지 않은 것에 대한 고통의 부르짖음이었다.

부르짖다 옆을 보면, 같은 소원을 가진 동역자들이 있어서 좋았다. 아직 완성은 아니어도 이미 완성의 한 모습을 그 자리에서 경험할 수 있었다. 에스라와 함께 일어난 기도자들은 내 죄든 남의 죄든 부르짖어야 할 고통의 문제들을 가져왔다. 이것은 "항상 기도하라"라는 성경적 요청에 대한 올바른 순종점이었다.

> 모든 기도와 간구를 하되 항상 성령 안에서 기도하고 이를 위하여 깨어 구하기를 항상 힘쓰며 여러 성도를 위하여 구하라 엡 6:18

크리스천은 그리스도의 생명력으로 산다. 그리스도의 마음으로 산다. 그리스도는 우리의 죄를 자신의 죄로 끌어안고 돌아가셨다. 대부분의 부르짖는 기도는, 자기 죄나 그 결과에 대한 고통에서 터져 나오지만 타인의 죄에 대해서도 자기 문제만큼이나 간절히 기도해야 한다. 내 문제든 네 문제든 부르짖는 기도는 지속된다.

7

예수님을 따라가야 할 때

그는 육체에 계실 때에
자기를 죽음에서 능히 구원하실 이에게
심한 통곡과 눈물로 간구와 소원을 올렸고
그의 경건하심으로 말미암아 들으심을 얻었느니라

히 5:7

나의 스승, 예수님

어떤 것이든 빨리 배우는 법이 있다. 코치를 잘 만나면 처음부터 시작할 필요가 없다. 시행착오 최소화도 가능하다. 영어를 연습하기 위해 영국으로 떠나거나, 스파게티 요리법을 배우려고 이탈리아행 항공권을 알아보는 건 시간과 에너지가 너무 많이 들지 않는가.

대신에 그것을 가르쳐줄 수준의 코치를 찾아보는 편이 빠르다. 요즘은 사람 찾기가 쉽다. 해당 분야의 전문가들이 인터넷에 각자의 이력과 재능을 공개한다. 찾아보고 연락해서 계약하면 단기 속성 코스가 가능하다.

그러나 이런 방법으로 안 되는 게 있다. 일정 수준 이상의 '마스터'가 되는 거다. 아마추어나 취미가 아닌 프로가 되는 건 접근법이 다르다. 한 분야의 고수가 되려면 코치 이상의 스승이 필요하다. 줄곧 따라다니면서 그 존재 자체를 빨아들여야 도달할 수 있는 대상 말이다.

하나님나라, 천국에 합당한 자가 되는 건 배워서 될 일이거나(요 3:10), 혹은 인간 스승이 가르칠 수 있는 것도 아니다(롬 3:10). 천국은 아마추어의 세계가 아니기에(마 5:20). 배우기는 불가능한 수준이다. 수준이 너무 높다. 무려 하나님 수준이다.

천국에 합당한 자가 되는 건 인간의 존재가 뒤집혀야만 가능하다(요 3:5). 이성과 감성과 지성과 영성, 그야말로 전 존재가 새것으로 다시 태어나듯 뒤바뀌어야 한다(고후 5:17).

인간은 누구도 스스로 천국에 합당한 자가 될 수 없다(엡 2:7-9). 하나님이 천국에 합당하도록 만들어주셔야 한다(엡 2:1-5). 천국의 주인이신 창조주 하나님께서는 천국에 합당한 자가 되는 길을 준비하여 우리에게 은혜로 주셨다. 그 길은 예수님이시다(요 14:6). 천국은 의로운 자들의 것이다. 그런데 천국에 합당한 의란 인간의 의가 아니다. 천국은 하나님의 의로 들어가는 나라다. 천국 시민권 획득을 위해 하나님께서 직접 '하나님의 의'를 준비해 주셨다. 그분이 예수님이시다(롬 3:21).

하나님이 죄를 알지도 못하신 이를 우리를 대신하여 죄로 삼으신 것은 우리로 하여금 그 안에서 하나님의 의가 되게 하려 하심이라 고후 5:21

값을 매길 수 없는 존재

십자가는 잔혹한 사형 도구다. 역사상 손꼽히는 고문기이기도 하다. 극악무도한 죄인들을 위한 거였다. 그야말로 '저주의 십자가'였다(갈 3:13). 그런데 하나님께서는 자신의 독생자를 이 저주의 나무에 매달도록 허용하셨다. 그 이유는 우리를 '속량'하시기 위함이었다.

그리스도께서 우리를 위하여 저주를 받은 바 되사 율법의 저주에서 우리를 속량하셨으니 기록된 바 나무에 달린 자마다 저주 아래에 있는 자라 하였음이라 갈 3:13

속량이 무엇인지 예를 들어보겠다. 초등학교 1학년 딸이 하굣길에 분식집에 갔다. 떡볶이 1인분을 먹고 돈을 안 내고 집에 왔다. 마침 분식집 이모님이 친분이 있어서 내게 전화가 왔다.

"아버님, 아이가 떡볶이 삼천 원어치를 먹고 그냥 갔어요. 어쩌죠?"
"죄송합니다. 퇴근길에 들러 내겠습니다."

그리고 분식집에 들러 오천 원을 내며 말했다.
"앞으로 이런 일이 없도록 잘 가르치겠습니다."

그리고 거스름돈 이천 원을 받지 않고 나왔다. 그러자 뒤에서 이모님이 소리쳤다.
"아버님, 거스름돈 받아 가셔야죠!"

죄송한 마음에 내가 대답했다.
"아닙니다! 외상 이자로 받아주세요!"

속량은 이런 거다. 값을 치르되 차후에 더 이상 문제가 생기지 않도록 과한 값을 얹어 내는 거다(예화로 만들어본 이야기다. 실제로 딸은 외상을 하지 않는다).

하나님은 예수님을 우리의 죗값을 치르기 위한 속량물로 내주셨다. 그런데 값이 과하다. 이천 원쯤 더 얹어주는 수준이 아니다.

떡볶이집 예를 다시 들어보자. 내가 세계 최고의 부자였다고 가정해보자. 그래서 속량하기 위해 이천 원이 아니라 이천억 원, 아니 이천억 달러쯤 더 얹어주었다면? 그것도 '백 달러짜리' 지폐로 트럭 이천 대에 나눠 싣고 와서 퍼 날라 주었다면 아마 분식집 이모님은 놀라서 아무 말도 할 수 없지 않았을까. 온 동네 사람들의 구경거리이자, 전국 뉴스에 나가지 않을까.

하나님께서는 우리를 위한 속량으로 예수님을 치르셨다. 그것도 가장 잔혹한 형틀인 십자가 위에서 물과 피를 쏟아내시며 죽게 하셨다(요 19:34). 예수님 존재에 대한 가격은 매길 수 없다. 그분은 창조주 '하나님짜리'시다(골 1:15-17). 그분은 전 우주의 소유주시다. 우리는 그만한 값어치를 받은 존재다(요 3:16). 과한 값을 부여받아 속량 당했다.

하나님의 영광의 십자가

성경은 예수님의 십자가 사건을 '하나님의 영광'이라고 소개한다. 하나님의 하나님 되심을 극상으로 드러내는 게 바로 예수님의 십자가에서 죽으심이다. 하나님은 창조주시라 못할 것도, 모르는 것도 없으시다.

예수께서 이 말씀을 하시고 눈을 들어 하늘을 우러러 이르시되 아버지여 때가 이르렀사오니 아들을 영화롭게 하사 아들로 아버지를 영화롭게 하게 하옵소서 아버지께서 아들에게 주신 모든 사람에게 영생을 주게 하시려고 만민을 다스리는 권세를 아들에게 주셨음이로소이다 영생은 곧 유일하신 참 하나님과 그가 보내신 자 예수 그리스도를 아는 것이니이다 아버지께서 내게 하라고 주신 일을 내가 이루어 아버지를 이 세상에서 영화롭게 하였사오니 아버지여 창세 전에 내가 아버지와 함께 가졌던 영화로써 지금도 아버지와 함께 나를 영화롭게 하옵소서 ⋯ 내가 그들과 함께 있을 때에 내게 주신 아버지의 이름으로 그들을 보전하고 지키었나이다 그 중의 하나도 멸망하지 않고 다만 멸망의 자식뿐이오니 이는 성경을 응하게 함이니이다 지금 내가 아버지께로 가오니 내가 세상에서 이 말을 하옵는 것은 그들로 내 기쁨을 그들 안에 충만히 가지게 하려 함이니이다 내가 아버지의 말씀을 그들에게 주었사오매 세상이 그들을 미워하였사오니 이는 내가 세상에 속하지 아니함 같이 그들도 세상에 속하지 아니함으로 인함이니이다 … 내가 비옵는 것은 이 사람들만 위함이 아니요 또 그들의 말로 말미암아 나를 믿는 사람들도 위함이니 아버지여, 아버지께서 내 안에, 내가 아버지 안에 있는 것 같이 그들도 다 하나가 되어 우리 안에 있게 하사 세상으로 아버지께서 나를 보내신 것을 믿게 하옵소서 내게 주신 영광을 내가 그들에게 주었사오니 이는 우리가 하나가 된 것 같이 그들도 하나가 되게 하려 함이니이다 요 17:1-22

그런 분에게 딱 하나 결핍이 있다면 바로 우리다. 하나님을 떠날 자유까지도 부여받은 영물인 죄인들, 잃어버린 영혼들이다.

하나님께는 소원이 하나 있다. 그것은 죄인이 돌아오는 것이다. 하나님의 사람이 되는 거다. 죄로 죽을 자리에서 벗어나서 하나님이 준비하신 그분의 의, 예수님을 믿음으로 다시 천국에 합당한 자가 되는 거다.

예수님은 하나님께서 직접 치르신 속량물이라 돌이킬 수가 없다. 그 값만 따져도 우주 뉴스거리다. 누구든지 예수님을 자신의 구원자로 인정하며 받아들이기만

하면, 천국 시민권을 얻는다. 이 부분을 김용의 선교사는 이렇게 설교했다.

"죄인이 예수 십자가를 통한 해산의 고통으로 새롭게 태어나 하나님의 사람으로 바뀌는 게 하나님의 하나님 되심을 최고로 드러내는 일입니다."

맞다. 영혼 구원이 하나님의 영광이다. 이를 가능케 하시는 십자가가 하나님의 영광이다.

먼저 부르짖으신 예수님

예수님이 먼저 부르짖어 기도하셨다. 그 내용은 바로 위와 같은 영광, 죄인이 의인 되는, 하나님의 영광을 위함이었다. 겟세마네의 기도 내용을 보라.

아버지께서 내게 하라고 주신 일을 내가 이루어 아버지를 이 세상에서 영화롭게 하였사오니 아버지여 창세 전에 내가 아버지와 함께 가졌던 영화로써 지금도 아버지와 함께 나를 영화롭게 하옵소서 요 17:4,5

그분은 하나님이시다. 무엇을 부르짖거나 기도하실 필요가 없으셨다. 하지만 하나님 편에서 잃어버린 영혼이었던 우리가 있었다. 우리를 예수 십자가 속량을 통해 하나님의 의로 구원하는 것이 그분의 부르짖는 기도의 내용이었다. 이때 하나님의 영광을 드러내셨다.

천국은 배워서 갈 수 있는 곳이 아니다. 예수님을 통해 받아야 한다. 부르짖는 기도도 글로 배울 수 있는 게 아니다. 예수님이 십자가, 하나님의 영광을 위해 부르짖어 기도하신 것을 평생 좇아 따라 할 때 얻는다. 당신은 혼자가 아니다. 예수님이 먼저 부르짖어 기도하셨다. 그분을 보고 배워 따라 하면 된다.

이천 년 전, 예수님이 우리를 위해 먼저 부르짖어 기도하셨다. 이는 우리가 부르짖어 기도하는 중요한 이유다. 그 내용은 십자가 위에 빛나는 하나님의 영광을 위함이었다. 우리도 따라 하자. 예수님을 따르므로 그분의 기도 내용으로 부르짖어 기도하자. 하나님의 영광을 위해 부르짖자. 잃어버린 영혼들을 내 가슴에 품고 대신 과한 값으로 속량하는 자세로.

The Secret of Crying Prayer

어떻게
부르짖어야 해?

1

먼저 기도를 연습해야 해

모세가 여호와께 부르짖어 이르되

하나님이여 원하건대 그를 고쳐주옵소서

민 12:13

불치병 앞에 선 기도자

죄는 불치병이다. 하나님의 진노를 부르는 저주의 원인이다. 이것은 인간이 고칠 수 없는 질병이다. 하나님만 치유하실 수 있다(마 19:26).

하나님은 구약시대부터 죄의 심각성을 가르쳐오셨다. 그중 하나가 질병이었다. 하나님은 불치병을 통해 죄가 어떤 건지를 보여주시기도 했다. 그 질병은 '나병'이었다. 출애굽 백성들이 광야 훈련 중 경험해야 했던 저주의 질병(민 12:10).

그 출처는 '죄'였다. 이에 대해 온 이스라엘이 함께 멈춰 서서 칠 일이나 배웠다(민 12:14-16). 핵심 리더십의 쿠데타가 불치병의 원인이었다(민 12:1, 2). 이에 대해 하나님이 진노하시고 떠나시자 나병이 시작되었다(민 12:8-10).

쿠데타의 핵심 인물은 미리암과 아론이었다. 그들은 모세의 직계 가족인 누나와 형이었다. 누나의 나병 앞에 형 아론은 무능했다. 그제야 정신을 차리고 회개하며 하나님과 모세 앞에 기도했다.

아론이 이에 모세에게 이르되 슬프도다 내 주여 우리가 어리석은 일을 하여 죄를 지었으나 청하건대 그 벌을 우리에게 돌리지 마소서 그가 살이 반이나 썩어 모태로부터 죽어서 나온 자같이 되지 않게 하소서 민 12:11,12

그의 기도 내용은 회개와 간구였다. 아론은 나병에 걸린 누이를 보자, 죄를 깨닫고 슬퍼했다. 슬픔 가운데 회개하며 죄의 결과인 나병을 없애 달라고 간구했다.

죄인은 저절로 회개할 수 없다. 자신의 언행이 하나님 앞에서 죄였다는 사실을 죄의 참혹한 결과 앞에서야 안다. 아론의 회개와 간구를 모세가 이어받아 부르짖었다. 하나님과 죄인 사이에 부르짖는 기도자가 섰다.

> 모세가 여호와께 부르짖어 이르되 하나님이여 원하건대 그를 고
> 쳐 주옵소서 민 12:13

이스라엘은 이런 사람을 '중보자'라고 불렀다. 모세는 하나님과 죄인들 사이에 서서 부르짖어 회개와 간구의 내용을 대신 전달하는 하나님의 사람이었다.

그는 하나님이 약속하신 메시아 예수님의 표상이었다(히 3:1-19). 궁극적 중보자인 예수님을 이스라엘의 불신자들에게 소개하기 위해 먼저 광야에서 고난받았던 인물이었다(히 11:24-26). 구약의 광야 백성들에게 모세가 있었기에, 오늘 우리는 예수님이 누구신지를 알 수 있다. 예수님은 하나님과 우리 사이에 서 계신 유일한 중보자시다.

> 하나님은 한 분이시요 또 하나님과 사람 사이에 중보자도 한 분
> 이시니 곧 사람이신 그리스도 예수라 딤전 2:5

모세는 예수님이 누구신지를 몸으로 설명하는 구약의 교보재(교육 훈련을 위한 보조 재료)와 같다. 그를 통해 구약 백성들부터 오늘날의 신약 교회까지 메시아가 어떤

존재인지를 알게 되었다.

모세는 형제자매의 공격을 받은 자기 육체를 끌고 하나님 앞에 나서 중보했다. 예수님처럼. 그리고 부르짖음을 통해 저주스러운 질병으로부터 나음을 얻게 했다(민 12:13-16). 예수님처럼(히 5:7).

어떻게 부르짖는가?

민수기 12장의 부르짖음은 죄인의 치유를 위한 것이었다. 이는 신약 교회에서도 유효하다. 하나님과 우리 사이의 유일한 중보자이신 예수님의 이름으로 부르짖는 일의 담당자는 크리스천이다. 자신의 죄뿐 아니라, 죄의 영향력 아래 신음하며 공격해오는 타인을 위해서도 부르짖는 사람이다.

문제는 모든 크리스천이 기도꾼은 아니라는 데 있다. 부르짖는 사람은 더군다나 흔치 않다. 중보자이신 예수님의 이름으로 대신 부르짖어야 할 사람들은 주변에 너무나 많은데, 기도꾼은 적고도 적다.

크리스천은 예수님을 닮은 기도꾼이어야 한다. 부르짖어 대신 회개하고 간구하는 중보 사역자여야 한다. 어떻게 하면 부르짖어 기도할 수 있는가?

부르짖는 기도 연습 4단계

금메달의 영광 배경에는 반드시 남몰래 흘린 땀이 있듯, 순발력 있는 기도꾼의 이면에도 반드시 눈물이 있다. 늘 부르짖는 사람만이 또 부르짖을 수 있다. 평소에 부르짖는 사람이 갑작스러운 일로도 부르짖을 수 있다. 예수님의 이름으로 부르짖는 건 반복을 통해 진행된다. 광야의 이스라엘이 부르짖음의 반복을 통해 믿음의 이스라엘로 제련된 것과 같다.

그들의 부르짖는 기도 훈련에는 다음 특징이 있었다.

- 광야에서 부르짖기 연습 중이던 그들에게는 일종의 패턴이 있었다.
- 먼저 하나님의 구원이 있었으나 그에 합당치 않은 불순종이 있었다.

- 불순종은 위기를 낳았고, 그 가운데 고통과 염려로 부르짖었다.
- 그 끝에는 대신 부르짖어 기도하는 기도 모범을 통한 구원이 있었다.

이것을 오늘 우리에게 가져오면, 다음과 같이 제시할 수 있다.

1단계: 항상 기도하며 성경의 명령 인식하기

먼저 정체성 인식이다. 자신이 누구인지 아는 것이 첫 단계다. 이스라엘의 불신자들은 하나님의 구원으로 하나님의 소유가 되었다. 마찬가지다. 우리는 예수님과 함께 죽고 살아서 예수님의 것이다(갈 2:20). 예수님의 소유인 우리는 그분의 말씀에 순종한다. 먹어야 산다. 신구약 성경 66권의 말씀이 우리 양식이다. 그에 의하면 크리스천은 항상 기도하는 존재다(살전 5:17).

2단계: 문제 인식하기

자신의 불순종 상태에 대한 경각심을 갖는 것이다. 한마디로, '나, 이렇게 살면 안 돼'라고 생각하는 것이다. 물속에서는 물을 인식하지 못하는 물고기가 물을 떠나보면 물을 알게 된다. 누가 가르쳐줘서가 아니라 물을 떠났을 때의 고통 때문일 것이다. 불순종도 그렇다. 이스라엘은 광야에서 불순종했다. 그때까지도 불순종이 불순종인지 몰랐다. 하지만 그 결과로 고통이 닥치자 경각심이 일었다. 하나님을 떠나는 일이 얼마나 해서는 안 되는 일인지.

부르짖는 기도 연습의 두 번째 단계는 고통의 문제에 대한 해석을 바꾸는 것이다. 문제를 스스로 해결하려 덤비는 건 임시방편일 뿐이다. 일시적인 진통제 투약은 언발에 오줌 누기와 같다. 어떤 증세 앞에서든 근본 문제 해결을 위해 노력해야 하듯, 고통 앞에서도 하나님을 떠난 문제는 없는지 돌아보는 태도가 먼저다. 고통은 삶의 방향을 재설정할 기회다.

3단계: 염려 기도로 시작하기

앞서 다루었듯, 염려는 기도 출발점이다. 기도 반복은 어려워도 염려 반복은 쉽다. 광야의 불신자들도 그랬다. 불평의 부르짖음을 반복하다 보니 거룩한 부르짖음에도 이르렀다.

한나를 기억하라. 그녀 역시 고통의 몸부림으로 기도했기에 거창한 메시아 찬양 소리까지 갈 수 있었다. 그때나 지금이나 원리는 같다. 말씀대로다. 염려와 기도를 연결하라. 기도보다 염려가 쉬우니 쉬운 것부터 하라. 그러나 기도 출발점임을 기억하라.

불순종 많은 인생이라 고통은 필연이다. 그렇다면 고통 자체를 가지고 부르짖는 쉬운 시작을 반복하면 될 일이다. 추가로, 그때마다 빌립보서 4장 6절을 큰 소리로 낭독하는 것도 훌륭한 반복이 될 것이다.

"아무것도 염려하지 말고 다만 모든 일에 기도와 간구로, 너희 구할 것을 감사함으로 하나님께 아뢰라."

4단계: 기도 모범 따르기
중보 기도 사역에 동참시키시는 예수님이 어떻게 기도하셨는지가 말씀에 나온다.

기도가 사역보다 먼저
예수님은 가장 바쁘실 때도 기도 우선순위를 지키셨다. 사역 요구자들을 떠나 기도하시기 위해 한적한 곳으로 물러가셨다.

예수의 소문이 더욱 퍼지매 수많은 무리가 말씀도 듣고 자기 병

도 고침을 받고자 하여 모여 오되 예수는 물러가사 한적한 곳에

서 기도하시니라 눅 5:15,16

기도 시간은 주어지는 게 아니라 만드는 것

예수님은 남들 자는 시간에 기도하셨다. 방해받지 않

고 기도할 수 있었기 때문이다.

새벽 아직도 밝기 전에 예수께서 일어나 나가 한적한 곳으로 가

사 거기서 기도하시더니 시몬과 및 그와 함께 있는 자들이 예수의

뒤를 따라가 만나서 이르되 모든 사람이 주를 찾나이다 막 1:35,37

기도는 기분이 아니라 루틴을 따라 하는 것

예수님에게는 기도 시간과 장소가 있었다. 그분은 기

분이나 필요가 아니라 "습관을 따라" 기도하셨다.

예수께서 나가사 습관을 따라 감람 산에 가시매 제자들도 따라갔

더니 눅 22:39

기도 방해 요소는 억지로라도 물리칠 것

오병이어 사건 직후였다. 군중은 열광했지만 예수님은 그들을 억지로 흩으셨다. 제자들을 재촉하시고 사라지셨다. 홀로 기도하시기 위함이었다.

예수께서 즉시 제자들을 재촉하사 자기가 무리를 보내는 동안에 배를 타고 앞서 건너편으로 가게 하시고 무리를 보내신 후에 기도하러 따로 산에 올라가시니라 저물매 거기 혼자 계시더니 마 14:22,23

기도가 사역의 중심

예수님의 공생애 사역의 핵심은 제자화였다. 열두 명을 선택하여 동행하시며 가르치셨다. 함께 생활하며 자신을 보여주시고 설명해주시며 섬기셨다. 이 일을 집중 기도로 시작하고 마치셨다.

그들이 겟세마네라 하는 곳에 이르매 예수께서 제자들에게 이르시되 내가 기도할 동안에 너희는 여기 앉아 있으라 하시고 베드로와 야고보와 요한을 데리고 가실새 심히 놀라시며 슬퍼하사 말씀하시되 내 마음이 심히 고민하여 죽게 되었으니 너희는 여기 머물러 깨어 있으라 하시고 조금 나아가사 땅에 엎드리어 될 수 있는 대로 이 때가 자기에게서 지나가기를 구하여 이르시되 아빠

아버지여 아버지께는 모든 것이 가능하오니 이 잔을 내게서 옮기시옵소서 그러나 나의 원대로 마시옵고 아버지의 원대로 하옵소서 하시고 돌아오사 제자들이 자는 것을 보시고 베드로에게 말씀하시되 시몬아 자느냐 네가 한 시간도 깨어 있을 수 없더냐 시험에 들지 않게 깨어 있어 기도하라 마음에는 원이로되 육신이 약하도다 하시고 다시 나아가 동일한 말씀으로 기도하시고 다시 오사 보신즉 그들이 자니 이는 그들의 눈이 심히 피곤함이라 그들이 예수께 무엇으로 대답할 줄을 알지 못하더라 세 번째 오사 그들에게 이르시되 이제는 자고 쉬라 그만 되었다 때가 왔도다 보라 인자가 죄인의 손에 팔리느니라 일어나라 함께 가자 보라 나를 파는 자가 가까이 왔느니라 막 14:32-42

이 때에 예수께서 기도하시러 산으로 가사 밤이 새도록 하나님께 기도하시고 밝으매 그 제자들을 부르사 그 중에서 열둘을 택하여 사도라 칭하셨으니 곧 베드로라고도 이름을 주신 시몬과 그의 동생 안드레와 야고보와 요한과 빌립과 바돌로매와 마태와 도마와 알패오의 아들 야고보와 셀롯이라는 시몬과 야고보의 아들 유다와 예수를 파는 자 될 가룟 유다라 눅 6:12-16

2

기도로 힘차게 뻗어나가야 해

이에 백성은 외치고
제사장들은 나팔을 불매
백성이 나팔 소리를 들을 때에
크게 소리 질러 외치니 성벽이 무너져 내린지라

수 6:20

싸움의 기술

광야를 통과한 이스라엘은 여리고 성 앞에서 싸움의 기술을 배웠다. 성벽을 칠 일간 돌고, 마지막엔 외치라는 명령에 순종함으로써 이겼다(수 6:2-5). 여리고가 무너지기까지 그들은 돈은 자들에 불과했다. 그러나 여리고를 함락하자 그들이 한 건 미친 짓이 아니라, 승리를 가져오는 비책이 되었다.

이스라엘은 미치지 않았다. 그들은 믿음으로 돌았을 때 하나님이 싸우시는 걸 보았다. 특히 아무 일도 없을 것 같던 칠 일의 끝에 보았다. 외쳤을 때 무너졌다. 부르짖을 때 승리의 확증을 얻었다.

여리고를 무너뜨린 것은 돌고 외치는 행위 그 자체가

아니었다. 승리는 그 명령을 주신 하나님께 있었다. 무너진 여리고 더미를 밟고 섰을 때, 그들은 승리가 그분에게서 나왔음을 확인했다. 돌고 외치던 자들은 하나님의 증언자들이었다. 이스라엘은 싸우지 않고 다만 하나님이 싸우시도록 하는 승리의 비책을 배웠다.

부르짖는 기도란 여리고를 돌다가 외치는 일과도 같다. 이 둘 사이에는 세 가지 공통점이 있다. 먼저, 부르짖는 기도 역시 하나님의 말씀에 대한 믿음의 순종이다. 성경에서 부르짖는 기도를 검색해보면 더 와 닿는다. 성경은 부르짖어 기도하라는 명령투성이 책이다.

또한 부르짖는 기도 역시 불신자들의 눈에는 이상한 행동이다. 여리고를 돌던 자들을 여리고 수비대의 관점으로 보면 진짜 돈 자들이었을 것이다. 그러나 믿는 자들의 관점에서 보자면 돌고 외치는 행위야말로 승리의 비결이었다.

끝으로, 돌고 외치기처럼 기도 역시 하나님을 움직인다는 게 같다. 돌고 외칠 때 하나님이 역사하셨다. 직접 나서서 여리고를 무너뜨리셨다. 이것이 가나안 주변 민족들의 눈에는 어떻게 보였겠는가? 아마 여호수아의 군대가 하나님을 움직이는 집단처럼 보였을 거다.

부르짖는 기도자들도 이와 같다. 불신자들이 볼 때는 하나님을 움직이는 승리자들이다. 부르짖는 기도는 하나님이 싸우시도록 물러나는 행위다. 기도의 후방에서 전방의 승리를 목격하는 거다. 무려 하나님이 직접 싸우시는 역사의 중심에서.

무너진 여리고를 넘어서

여리고가 무너졌다(수 6:20). 광야를 통과한 여호수아의 군대가 여리고 함락의 역사까지 경험했다. 승승장구할 일만 남았다. 배우고 경험한 대로 믿음으로 밀어붙이면 되었다. 가나안으로 더 깊이 들어가서 배우고 익힌 대로 실행할 일만 남았다.

가나안 전체를 향해 힘차게 뻗어나갈 발판이 여리고의 잔해 위로 놓였다. 그러나 여호수아 세대 역시 모세의 세대처럼 불순종을 일삼았다. 그들은 승리 앞에 눈멀

어 하나님을 잊었다. 하나님의 싸움과 하나님의 승리는
안중에도 없었다.

그들은 하나님의 승리를 자신들의 행위에 의한 것으
로 착각했다. 싸우지 않고 승리했다는 사실은 오간 데
없었다. 하나님께서 대신 싸우셨다는 것에 대해 무감각
해졌다. 급기야 순종이 준 승리 직후에 불순종으로 노선
을 바꾸었다.

이스라엘 자손들이 온전히 바친 물건으로 말미암아 범죄하였으
니… 수 7:1

그뿐만 아니라 다음 격전지를 바라보며 하나님을 제
외했다. 아이 성으로 하나님보다 앞서 정탐꾼을 보냈다
(수 7:3). 그 결과, 여호수아의 군대는 패배했다. 여리고의
승리를 손바닥 뒤집듯 쉽게 말아먹었다. 그때부터 승리
와 패배가 반복되었다. 하나님이 주신 승리의 끝에 군대
의 불순종이 뒤따랐다.

패배가 반복되는 동안 여호수아의 군대 역시 부르짖
었다. 그러면 다시 승리했다. 그러다 편해지면 다시 아

무렇지도 않게 불순종을 일삼았다.

하나님이 여호수아의 군대에 주셨던 사명은 역사가 깊다(창 13:18). 아브라함 때부터 가나안 땅은 원래 이스라엘의 것이었다. 그곳은 여리고에서 순종으로 돈 자들이 차지할 수 있었던 땅이었다. 문제는 여전한 불순종이었다. 불순종의 반복은 어설픈 승리만 낳았다.

힘차게 뻗어나가는 자가 얻는 나라

사람의 죽음을 뜻하는 다양한 표현이 있다. 그중 "요단강 건너갔다"라는 말이 있다. 요단강을 건너면 가나안이다. 그곳은 광야 백성들에게 하나님의 땅, 하나님의 나라였다.

성경에 기반한 문화권에서 이를 빌려 죽음을 표현했다. 죽어야 가는 땅에 들어갔다는 뜻으로 말했다. 요단강을 건너 들어가야 가나안이다. 그곳은 하나님의 약속이 있는 땅이다. 광야를 통과한 믿음의 사람들이 들어가는 장소다.

그런데 하나님의 땅에는 이미 가나안 민족들이 있었다. 하나님은 믿음의 순종을 통해 그들을 직접 몰아내고 쟁취하게 하셨다. 그곳을 "차지하라"라고 명령하셨다.

…그가 이스라엘에게 그 땅을 기업으로 차지하게 하리라 신 1:38

쳐들어가서 몰아내고 차지하는 것의 다른 성경 표현이 '침노'다. 하나님의 땅이 거기 있다. 그곳은 '약속의 땅'으로 불렸다. 믿음으로 차지해야 하는 곳이다.

성경은 서로 촘촘히 연결되어있는 신비한 책이다. 어떤 사건도 우연이 없다. 가나안을 침노해야 했던 이야기도 마찬가지다. 이것은 오늘날 신약 교회뿐 아니라, 마지막 때 궁극적으로 도래할 천국과도 연결된다.

하나님나라는 여전히 요단강 너머에 있다. 죽음이 도사린 광야를 믿음으로 통과해서, 죽음을 건너야 도달하는 곳이다. 그 나라는 하늘에만 존재하는 게 아니라 하나님의 말씀에 순종하는 신자들의 마음에도 있다(눅 17:21).

하나님나라는 예수님과 함께 자기 죄에 대해 죽은 자들의 땅이다. 자기 노력으로 싸워서는 얻을 수 없는 곳이다. 다만 하나님의 말씀에 순종하는 싸움으로 침노당하는 곳이다.

세례 요한의 때부터 지금까지 천국은 침노를 당하나니 침노하는 자는 빼앗느니라 마 11:12

하나님나라는 빼앗김을 당하기로 작정된 곳이다. 곧 가나안과 같다. 빼앗는 자들이 차지하는 나라다. 믿음의 싸움을 통해 하나님이 싸우시게 뒤로 물러나는 사람들이 침노하는 나라다.

기도로 침노하기

믿음의 싸움은 마음에서 진행된다. 마음을 불신에 빼앗기면 다 잃는다. 우리는 마음을 지키기 위해서도 부르짖어 기도한다. 불신을 몰아내고 하나님의 말씀을 의지하며 순종하기 위해 부르짖기를 반복한다.

광야뿐 아니라, 가나안에서도 그랬다. 부르짖는 기도는 여전히 반복되었다. 패턴이 같았다. 부르짖어 승리, 승리 앞에서 불순종, 불순종 후 패배, 패배의 고통 그리고 다시 부르짖음(수 7:6-9).

그 사이를 보면 이스라엘에게 믿음 전쟁이 있었다. 여리고에서도, 아이 성 앞에서도 믿음이 필요한 건 같았다. 하나님의 말씀을 청종하고 의지하는 태도는 승리 전뿐 아니라, 승리 후에도 필수였다.

순종으로 얻은 승리를 유지하는 비결은 믿음을 유지하는 데 있었다. 앞서 축귀 기도 목소리가 컸던 이유를 기억하는가? 부르짖어 기도하는 이유 중 하나는 불신 때문이었다. 부르짖어 기도하는 건 고차원적 믿음이 있어서가 아니었다. 자기의 불신 상태를 흔들고 깨우기 위함이었다.

여호수아의 군대를 통해서도 성경은 우리의 불신과 불순종의 상태를 고발한다. 우리의 믿음은 너무 초라하다. 고작해야 패배 앞에서 울부짖는 수준이다. 믿음이 너무 작다. 승리가 선물로 주어졌더니 금세 하나님을 등지던 구약 백성들과 같은 수준이다. 그래서 승리 전이나 후나 계속 기도해야 한다.

우리는 믿음의 싸움을 기도로 수행한다. 불신의 마음에 직접적으로 외친다. 하나님이 주신 은혜의 승리 선물 앞에서조차 시험에 빠지는 자기 마음에 소리를 지른다. 우리는 항상 기도한다. 믿음이 있으면 있어서, 없으면 없어서, 많으면 많아서, 적으면 적어서… 부르짖는다.

하나님께서 싸우시는 것과 승리를 완성하시는 것을 목격하기까지(마 24:14).

3

기도의 순서를 정해야 해

그의 앞에서 나의 부르짖음이

그의 귀에 들렸도다

시 18:6

소리의 힘

봄밤이었다. 비가 오는데, 일이 손에 잡히지 않았다. 그녀 생각으로 잠 못 이루던 겨울을 삼 개월이나 보낸 후였다. 그제야 편지 한 통을 쓰기 시작했다. 신학교 기숙사 책상 앞에서 그녀를 향한 생각이 쏟아졌다. 몇 시간이나 썼다.

잠시 후, 책상 위에는 완성된 편지 한 통이 놓였다. 그녀에게 전하고 싶은 마음이 문자화되어 있었다. 편지를 바라보며 더 애틋했다. 무형의 사랑이 유형의 글자로 세상에 태어난 걸 보니 소중했다.

다음 날 아침부터 완성된 편지는 내 성경책 사이에 꽂혀 있었다. 그것을 그해 여름까지 매일 꺼내 먹었다.

아니, 읽었다. 애지중지 들고만 다녔다.

처음에는 눈으로 읽던 것이 나중에는 낭독이 되었다. 불 꺼진 기숙사 방에서도, 사역지로 이동하던 기차 안에서도 홀로 중얼거렸다. 편지에 담겨있던 내 마음은 입술을 통해 귀에 들어가 뇌를 울렸다. 그 소리는 내게 다음과 같은 확신을 주었다.

"아! 나는 그녀와 결혼할 운명이었어!"

그로부터 몇 년 뒤, 나는 그녀와 결혼했다. 낭독은 확신을 주었다. 우연을 운명으로, 환경의 제약을 결혼에 이르는 하나의 과정으로 바꾸는 힘이 소리에 있었다. 만약 그 편지 낭독의 반복이 없었다면 결혼은커녕 연애 시작도 어려웠을 것이다.

보이지 않는 것을 보이는 것으로 바꾸고, 보이는 것이 소리로 내 귀에 들렸기 때문에 결혼까지 강행할 수 있었다. 이것은 소리의 능력을 보여주는 하나의 예다.

말씀과 소리와 기도

성경에는 힘이 있다. 성경은 창조주의 호흡이며, 죄인들을 되찾아 구원에 이르게 하기에 충분한 지식을 담은 책이다. 그러나 소리로 귀에 들려야 그 힘이 나타난다. 만약 읽지 않고 그저 품고만 다닌다면 종이 묶음에 불과하다. 성경에 아무리 능력이 있어도 베고 자는 데만 쓴다면 무용하다. 성경의 힘은 읽을 때 현실화한다.

소리는 보이지 않는 것을 보이는 것으로 바꾸는 힘이 있다. 사랑과 비슷하다. 마음에 존재하는 사랑도 표현할 때 가시화된다. 성경 말씀도 그렇다. 눈에 들어올 뿐 아니라, 소리로 귀에 들려야 사람의 존재가 바뀐다.

성경적 삶을 사는 것을 보여주는 것만으로는 복음도 실제화되지 않는다. 말씀을 소리로 들려줘야 사람이 복음화된다. 복음도 실제화되려면 소리가 필요하다(롬 10:9-17).

부르짖는 기도도 일종의 소리다. 말씀에 근거하는 큰 목소리다. 이에 능력이 있다. 반복되는 낭독이 결혼을 이뤘다면, 반복되는 부르짖음은 더 큰 일도 이룰 것이다. 특히 기도자의 마음의 경향성을 바꾸어 다른 행동을 만들어낸다. 부르짖는 소리에 맞춰 사람이 바뀐다.

누구나 기도한다. 다만 방식과 대상이 다를 뿐이다. 차이는 말씀에 있다. 크리스천은 말씀에 근거해서 기도한다. 이때 가장 큰 차이는 예수님의 이름으로 기도하는 것과 예수 안에서 하나님을 아버지로 부르며 기도하는 데 있다.

그래서 말씀이 먼저다. 말씀에 나와 있는 대로 방법과 대상을 따른다. 부르짖는 기도꾼도 성경에서 출발한다. 예수님의 이름으로 기도하며 하나님과 부자, 부녀 관계 안에 있다는 믿음으로 시작한다.

그다음 부르짖어 기도한다. 크리스천은 예수님을 푯대 삼아 달려가는 경주자들과 같다(빌 3:14). 하나님의 말씀에 약속된 구원으로 출발해서, 그에 합당한 열매를 맺어가며, 그리스도의 장성한 분량까지 자라간다(엡 4:1-32). 믿음의 성장에는 제한이 없다. 죽는 날까지 지속해야 하는 성장이다. 푯대(목표점)가 무려 그리스도시다(빌 4:13).

이는 기도자에게 각성과 요구를 가져다준다. 매일의 현 상태를 예수님과 비교하는 각성과 믿음이 예수님까지 성장하고픈 요구를 진행한다.

이때, 성경 말씀은 각성의 기준이 되고, 기도는 요구의 방법이 된다. 도달점까지의 거리가 멀어서 목소리도 함께 커진다. 말씀에 못 미치는 심령의 상태에 대한 회개와, 예수님에게 한 걸음이라도 더 가까이 가고자 하는 그리움이 부르짖게 만든다.

끝으로 조용히 기도한다. 영적 세계에서는 날마다 전쟁이 일어난다. 예수님을 믿고 구원을 얻은 사람들은 악한 영들의 주 공격 대상이다. 악의 세력이 공격하는 방식은 거짓말과 두려움이다(요 8:44, 벧전 5:8). 그중에서도 두려움을 주는 방식에 대해 성경은 다음과 같이 말씀한다.

근신하라 깨어라 너희 대적 마귀가 우는 사자같이 두루 다니며 삼킬 자를 찾나니 벧전 5:8

원래 사자는 사냥할 때 소리를 내지 않는다. "우는 사자"는 실제로 사냥하는 사자가 아니다. 그저 자기 존재를 큰 소리로 알리는 상태다. 자기 존재감을 드러내며 주변의 힘없는 짐승들을 겁주어 쫓아내려고 소리를 낸다.

마귀는 자신이 존재한다고 포효하는 사자와 같다. 그에게는 신자를 사냥할 힘도 자격도 없다. 다만 겁을 주려는 의도뿐이다. 그를 물리치는 방식이 성경에 나온다. 대적하는 소리로 쫓아낸다(약 4:7).

악한 마귀를 예수님의 이름으로 대적하는 소리를 낸다는 건, 우리에게 기도를 의미한다. 우리는 부르짖는 기도를 통해 악한 영들을 내쫓기도 한다.

부르짖는 기도는 먼저 자신의 불신 상태를 돕는다. 또한 신앙 성장을 방해하는 악의 세력을 쫓아낸다. 그러면 잠시 소강상태가 온다. 마치 방금 오후 공연을 마친 연극배우가 저녁 공연을 대비해서 휴식을 취하는 것과 같다.

큰 소리로 기도함으로 신앙 성장을 요구하고, 영적 전쟁의 승리를 경험한 후에는 조용한 기도가 필요하다. 이것은 듣는 시간이기도 하다.

출애굽 백성들은 부르짖은 후에 하나님의 말씀을 듣는 시간이 있었다. 한나도 마찬가지였다. 우리에게도 같은 순서다. 부르짖은 후에는 하나님이 성장과 승리를 주신다. 그다음에는 하나님 아버지와 나누는 조용한 대화 시간이 필요하다. 이때는 응답을 듣고, 그 의미에 대해 질문한다. 또한 기도 응답의 내용을 노래하는 시간이기도 하다.

4

~~~~~

기도를 지속함으로써
집중해야 해

이는 여호와 앞에서 한 것이니라

삼하 6:21

집중과 반복

히브리서는 예수께 집중할 것을 권면한다.

이러므로 우리에게 구름같이 둘러싼 허다한 증인들이 있으니 모
든 무거운 것과 얽매이기 쉬운 죄를 벗어 버리고 인내로써 우리
앞에 당한 경주를 하며 믿음의 주요 또 온전하게 하시는 이인 예
수를 바라보자 그는 그 앞에 있는 기쁨을 위하여 십자가를 참으
사 부끄러움을 개의치 아니하시더니 하나님 보좌 우편에 앉으셨
느니라 히 12:1,2

이 요절은 경주자를 보여준다. 우리의 신앙생활이란
마치 달리기 선수가 경기 중 결승점까지 반복해서 발을
내지르는 것과 같다. 선수는 목표가 분명하다. 그의 방
향은 방황이 없다. 도착할 때까지 한 지점만 향한다.

크리스천은 일종의 선수와 같은 존재다. 모든 일의 방향이 예수께 있다. 천국까지 우리는 예수를 향해 모든 일을 한다. 집중하면 이긴다. 예를 들어, 양궁 선수들은 경기 당일에 고도의 집중력을 발휘하기 위한 훈련을 미리 반복한다. 각종 소란을 일부러 만들어놓고, 그 가운데서도 과녁을 향해 수백 발의 화살을 반복해서 쏘는 훈련이다. 집중력을 키우기 위해.

반복이 승리를 만든다. 이어 떨어지는 물방울에 디딤돌이 뚫리는 식이다. 반복에 힘이 있다. 반복할 때 얻는 집중력은 강하다.

경기에 선전하는 선수는 반복을 통해 집중력을 키웠다. 예를 들어, 농구 스타인 스테판 커리는 정해진 연습 시간보다 2시간 먼저 연습장에 나와 드리블과 슈팅을 반복했다. 피겨여왕 김연아도, 수영황제 마이클 펠프스도 그랬다. 지독한 반복이 그들을 강하게 만들었다. 반복은 이기는 자들의 전략이다.

크리스천은 승리자들이다(고후 2:14). 그들은 예수께 집중할 때 이기는 사람들이다(히 12:1-3). 예수께 집중하기 위한 훈련을 영적 경주자들인 우리도 날마다 반복해야 한다.

날마다 신앙 시험을 통과했던 광야 백성들을 보라(신 8:2). 그들의 사십 년은 우리 인생의 방향을 미리 보여준다. 하나님께 집중하는 것은 홍해를 건널 때 한 번만 하면 될 일이 아니었다. 오히려 지루하게 매일 반복되어야 하는 일과였다.

마찬가지로 크리스천 역시 매일 예수께 집중해야 한다. 그래야 매사에 이긴다. 영적 승리를 위해서는 기도 반복이 필수다. 성경도 기도 반복을 강조한다.

쉬지 말고 기도하라 살전 5:17

'항상 기도'의 명령은 성경에 14번이나 반복된다. 이것은 예수께 집중하는 탁월한 방법이다. 항상 기도는 하나님과 영적인 문제에 집중하고(시 141:5), 우리가 시험에 빠지지 않도록 깨어있는 영성을 주며(마 26:41), 하나님의 나라에 우리의 생각을 집중시킨다(마 6:33).

장소 확보부터

부르짖는 기도는 예수님을 향한 집중력을 가져온다. 과녁에만 집중하는 선수들처럼 예수께만 집중하려면 부르짖어야 한다. 온갖 잡생각과 방해 요소를 불처럼 쏟아내는 큰 기도 소리로 진멸해야 한다. 부르짖는 기도는 집중하는 기도다.

예수께 시선을 고정하려면 기도 반복은 필수다. 집중의 방해 요소를 뛰어넘기 위한 부르짖음을 반복한다. 문제는 반복을 위한 장소 확보다. 이것은 내가 지난 사십 년간 겪은 문제이기도 하다. 내게 부르짖는 기도의 가장 큰 방해 요소는 장소였다.

한번은 이런 일이 있었다. 어느 여름 주일 새벽, 악몽을 꾸다가 깼다. 시계를 보니 새벽 2시였다. 교회 개척 과정은 심신을 약하게 하는 등 문제가 많았다. 그래서였는지 악몽도 지독했다. 그 새벽, 영적 어두움에 사로잡혔던 나는 지체할 수가 없었다. 거실로 나가 무릎을 꿇었다. 그리고 기도를 시작했는데, 그대로 밤을 지새웠다.

아침 7시, 교회로 향하기 위해 빌라 주차장으로 내려갔다. 마침 텃밭을 일구던 윗집 할아버지와 눈이 마주쳤다. 충청도가 고향인 그 분이 내게 충청도 식으로 항의했다.

"아니, 아부지가 돌아가셨나 봐유?"

나는 '아차' 싶었다. 평생 부르짖어 기도하다 보니, 나도 모르게 집에서도 부르짖어 기도해버렸다. 계속 울며 "아버지"를 수백 수천 번 외쳤던 것 같아 너무 죄송했다.

"죄송합니다! 다시는 이런 일이 없게 하겠습니다!"

할아버지가 대답하셨다.

"아니여, 계속 햐. 초상집 웃층 사는 내 잘못이지 뭐어…."

부르짖기 좋은 장소

부르짖기 위해 내가 애용하는 장소는 네 군데다.

1. 기도원 뒷산

부르짖는 기도에 가장 좋은 장소는 인적이 없는 깊은 '산'이다. 하지만 현실적으로 매일 깊은 산으로 출퇴근할 수는 없다. 학교도 가야 하고 출근도 해야 하니까.

이때 좋은 대안이 있다. 기도원 뒷산이다. 그곳은 얕은 산이다. 인적도 드물지 않다. 그러나 얼마든지 부르짖어도 된다. 기도원이라는 특수성 때문에 소란함에 대한 사회적 용인이 있다.

나는 오산리 기도원 공원묘지나, 청계산 기도원 뒷산에 간다. 아무리 큰 소리를 내서 기도해도 무리가 없는 훌륭한 기도 장소들이다.

2. 차 안

하나 더 이야기하자면 '차 안'이다. 집 앞에 아라뱃길이 있다. 차를 몰고 검암역 뒤에서 김포 터미널 물류단지 주차장까지 왕복하며 부르짖는다. 차 기도의 좋은 점 하나는 오디오 시스템이다. 주로 옛날 찬양을 크게 틀어놓고 운전하며 부르짖는다.

특히 하스데반 선교사님의 침묵 기도를 애용한다. 그러면 청년 시절 대형 집회에 가서 기도하고 찬양하며 울부짖던 기억이 되살아난다. 오디오가 빵빵한 차 기도는 영적 흥분도 크다. 수천 명의 기도 동역자들과 함께 울부짖어 기도하는 것 같아 부르짖는 기도에 집중하기에 좋다.

3. 자전거

'자전거'도 배놓을 수 없다. 자전거는 부르짖는 기도에 최적 환경을 제공한다. 특히 나 같은 자덕(자전거 덕후)에게 더 그렇다. 나는 매년 약 5-6천 킬로미터쯤 라이딩을 즐긴다. 자전거를 탈 때면 짧게는 1시간, 길게는 10시간씩 페달을 반복해서 돌린다. 로드 자전거는 내 최애 운동이자 유일한 취미다.

나는 주로 인적 없는 국도를 홀로 부르짖으며 달린다. 아무도 없는 시골길과 산길을 혼자서 달리는 것만큼이나 훌륭한 기도 방법을 아직 발견치 못했다.

4. 허락된 기도 장소

끝으로 '웨딩홀'이다. 이곳은 작년부터 주어진 기도

장소다. 몇 년 전 이스라엘을 위해 기도하시는 한 권사님을 만났다. 그 분이 자신의 선교 비전을 나눠주셨을 때, 나는 가슴이 뜨거워졌다. 그리고 함께 기도했을 때, 큰 은혜가 있었다.

그 분이 기도 장소로 본인의 사업장 한 층을 몽땅 제공해주셨다. 아내와 나는 그곳에 가서 함께 기도하기를 즐긴다. 일주일에 서너 번, 갈 때마다 '기도 출근'하자고 서로 독려하며 부르짖으러 다닌다.

그곳에 서면 방음 걱정이 없다. 기도 내용이든 목소리의 크기든 상관없이 자유롭다. 무려 건물주가 기도를 위해 특별히 구별해준 장소다. 누구의 눈치도 볼 일 없이 마음껏 기도한다. 나는 이곳을 가장 자주 애용한다.

기도로 예수께 집중하기

기도는 예수께 집중하는 신앙의 훌륭한 방편이다. 개인의 신앙 성장뿐 아니라, 더 큰 일들도 이루게 한다. 예수께 기도로 집중할 때, 그분의 일이 이뤄진다. 조나단

에드워즈의 말대로다.

"There is no way that Christians, in a private cap-acity, can do so much to promote the work of God and advance the kingdom of Christ as by prayer."
"그리스도인이 개인적인 자격으로 하나님의 일을 증진하고 그리스도의 왕국을 발전시키기 위해 기도만큼 많은 일을 할 수 있는 방법은 없습니다."

부르짖어 기도하라고 명령하는 성경은 기도 반복 역시 요구한다. 기도를 "항상", "힘써서", "애써서", "쉬지 말고" 하라고 당부한다. 이상을 종합했을 때, 우리의 신앙 업무는 더 확실해진다.

우리는 부르짖어서 반복 기도함으로 예수의 일을 이루는 사람들이다.

5

기도의 세 가지 함정을
경계해야 해

무리가 꾸짖어 잠잠하라 하되

더욱 소리 질러 이르되

주여 우리를 불쌍히 여기소서

다윗의 자손이여 하는지라

마 20:31

부르짖는 기도의 세 가지 함정

새덫은 새에게 보이지 않는다. 그러나 한번 걸리면 치명적이다. 발버둥 칠수록 더 빠져나올 수 없다. 만약 당신이 올무에 걸린 새라면, 그것이 끊어지는 것 외에 벗어날 길은 없다(시 124:7). 악한 마귀가 펼쳐둔 영적 덫은 곳곳에 있다. 부르짖는 기도를 반복하는 사람들을 위해 특화된 함정도 파두었다. 부르짖는 기도꾼들이 조심해야 하는 올무는 다음과 같다.

1. 종교적 우월감

나의 기도 스승님들 중에 울산에 사시는 한 권사님이 계신다. 권사님은 매일 부르짖어 기도하신다. 나는 함께 기도하며 배우기 위해 두 달에 한 번씩 찾아뵌다.

한번은 울산 가는 길에 내 친구와 동행했다. 거의 부르짖지 않고 가끔 묵상으로 기도하는 최 목사(가명)다. 식당에서 만난 우리는 기도에 관한 이야기를 나누었다. 특히 그 권사님의 인생 이야기를 들은 최 목사는 많이 놀라며 질문했다.

"권사님은 어떻게 하루도 빠짐없이 기도하시나요?"

권사님은 오랜 기도 생활로 단련된 맑고 순수한 눈빛으로 최 목사에게 대답하셨다.

"네, 울 일이 많아서요."

짧고 간결했지만, 앞서 나눈 이야기와 연결된 대답 앞에 최 목사는 한동안 말이 없었다. 이후, 지속된 대화 중 최 목사는 두 번이나 울었다.

나는 아직 그 권사님보다 더한 기도꾼은 만나본 일이 없다. 만약 등수를 매긴다면, 내가 아는 사람 중 일등이다. 그 분이야말로 기도꾼 중의 기도꾼이다. 평생을 하루도 빠짐없이 전력으로 부르짖어 기도해왔다.

내가 만약 그 분 수준이었다면 그처럼 겸손하기 어려

웠을지 모른다. 나였다면, "울 일이 많아서요" 정도로 안 끝났을 거다. 기도에 대해 가르쳤거나 자랑을 늘어놨을 거다. 하지만 권사님은 항상 너무 겸손하시다. 그저 기도가 부족한 사람들을 기도로 품고 대신 많이 울어주신다.

부르짖는 기도는 겸손한 기도다. 그들에게는 부르짖지 않는 사람들과 비교하는 우월감 따위가 없다. 그러고 보면 부르짖는 기도는 자랑할 만한 일이 아닌 것 같기도 하다. 원초적이고 기초적인 기도이니까.

매일 몇 시간을 부르짖어 기도하는 것은 위대한 일이기는 하다. 하지만 동시에 부끄러운 일이기도 하다. 왜냐면 부르짖는 내용들 때문이다. 그들은 온갖 더러운 것들, 하찮은 일들, 아니면 죄와 관련이 있다거나, 남몰래 해결해야 하는 어려운 문제들이기 때문이다.

그러다 보니 부르짖는 기도는 상한 심령과 회개하는 마음을 전제로 한다. 부르짖는 기도자에게는 남보다 낫다는 생각은커녕, 자신이 가장 못하다는 생각으로 가득하다. 그는 하나님 앞에서 울부짖어야 하는 수많은 이유

때문이라도 겸손하다.

2. 익숙함

나는 지난 십 년간 참 많은 교회를 돌아봤다. 수련회나 부흥 집회에 말씀 인도자로 초대받았기 때문이었다. 처음 몇 년은 기도로 많이 준비하고 갔다. 특히 듣는 이들의 마음밭을 기경하는 기도를 미리 했다.

설교하러 가기 직전 사흘에서 일주일간 기도했다. 가는 곳에서 온전히 말씀만 전하게 해달라고, 듣는 사람들의 귀를 열어달라고, 또 듣고 깨달은 심령들이 가서 말씀대로 살게 해달라고 간절히 기도하고 또 기도했다. 그래서인지 말씀을 전하는 자리에 초대받는 횟수가 더욱 늘었다.

경험이 쌓여가던 어느 순간, 그만 강대상이 익숙해지고 말았다. 집회 설교가 익숙한 일로 전락했고, 미리 기도로 준비했던 시간도 점차 줄었다. 어느 날부터인가 나는 말씀을 위한 기도를 전혀 하지 않게 되었다. 그저 문자와 지식으로만 말씀을 준비해갔다. 이 사실은 현장에서는 알 수 없었다. 현장을 떠나보고야 깨달았다.

팬데믹 기간에 말씀을 전하러 가는 일이 거의 없었다. 이 년 가까이 현장을 떠나 뒤를 돌아볼 수 있었다. 그리고 절절히 회개했다. 말씀을 통한 회개의 열매들이 맺히기를 기도하지도 않고 강대상에 섰던 순간들을 크게 뉘우쳤다.

회개의 시간이 지나자 기회가 또 주어졌다. 몇 년 만에 세상은 바뀌었다. 실내 마스크 착용도 해제되었다. 다시 말씀 인도 요청이 쏟아졌고, 전문 강사는 비전문 기도자로 리셋되어 있었다. 그 사건 이후 나는 익숙함의 문제를 잊지 않으려고 발버둥 친다.

'익숙함'은 위험하다. 말씀 전하는 일뿐만이 아니라, 기도 반복에도 덫이다. 부르짖는 기도 역시 반복하다 보면 익숙해져 그 가치를 잃어버릴 수 있다. 그저 시간만 채우고 나오는 식의 진정성 없는 기도로 전락할 위험이 있다.

물론 아예 부르짖지 않는 것이나, 아주 가끔 부르짖어 기도하는 것도 문제다. 하지만 동시에 계속 부르짖어 기도하는 것도 문제가 될 수 있다. 그것이 너무 익숙해 마

음과 분리되어 입술만 움직이는 일상이 되어버리면 기
도해도 문제다.

부르짖어 기도하는 자는 시간을 보내려 억지로 앉아
있는 노예가 아니다. 그는 성경대로 행하며, 개인의 문
제 해결과 회복 그리고 회개로 통회하는 심령을 가진
하나님의 자녀다.

3. 흥분을 쏟아내는 방식
부르짖는 기도에 대해 일반적으로 다섯 가지 오해가
있다. 각각 주의해야 할 부분이기도 하다.

비이성적이다.
오죽했으면 부르짖는 사람이 되었겠는가. 부르짖는
사람들의 심적 상태는 불안정한 경우가 많다. 그러다 보
니 이를 지켜보는 사람은 기도자를 오해하기 십상이다
(삼상 1:14). 그러나 기도자의 비이성적인 상태에는 잘못
이 없다. 오히려 정신이 혼미할 정도의 어려움 앞에서조
차 하나님을 찾지 않는 것이 잘못이다.

그럼에도 부르짖는 기도자는 자신의 감정 상태에 주

의해야 한다. 하나님 앞에서는 다 쏟아놔도 된다. 하지만 사람 앞에서는 아니다. 하나님 앞에서 부르짖는 모습 그대로 사람 앞에서 할 필요는 없다. 사람은 하나님이 아니다. 한나를 보라. 그녀의 '비이성적 기도'에 대해 오해하는 제사장에게 그녀는 '이성적 설명'으로 대처했다.

> 한나가 대답하여 이르되 내 주여 그렇지 아니하니이다 나는 마음
> 이 슬픈 여자라 포도주나 독주를 마신 것이 아니요 여호와 앞에
> 내 심정을 통한 것뿐이오니 삼상 1:15

비성경적이다.
....
이십 년 전, 나는 미국 유학 중이었다. 학교가 있던 동네는 농부들이 많은 시골이었다. 그곳에 못 배운 사람들이 많았다. 나는 동네의 한 지역교회 성가대원이었다. 우리는 일주일에 두 번 모여 연습하고 기도했다. 성가대원들은 연습 시간 외에도 자주 만나 식사와 교제를 했다.

그들 중에 대학 졸업자는 백 명 중 한 명 정도였다. 학위는커녕 모국어로 '버스'나 '택시' 정도의 간단한 단어 철자도 틀리는 사람들이었다. 주로 예수님을 만나기 전

에 술꾼이었거나 범죄자였다. 가난했고 아이는 많았다.

그들은 이성적이지 않았다. 특히 예배할 때 더했다. 설교자보다 많이 말했고, 찬양할 때는 지나치게 춤췄고, 기도할 때는 심하게 울거나 소리를 질렀다. 한번은 성가대가 이웃 지역의 한 노인 요양 시설에 초대되었다. 예배 인도를 하기 위해 교회 버스를 타고 2시간을 달려 도착했다.

우리는 평소처럼 감정적으로 예배 인도를 했다. 많이 울고 웃고 춤췄다. 예배를 마치고 한 노인이 다가와 성가대가 예배 때 흥분하는 것이 매우 미숙한 행동이라고 지적했다. 은퇴한 백인인 그는 차분하고 교양 있게, 조용히 찬양하고 기도하는 게 '성경적'이라고 설명했다.

성가대원들은 아무도 대응하지 않았다. 아니, 대응할 지식이 없었다. 듣고만 있었다. 그리고 금세 그 논쟁은 잊고 돌아오는 버스 안에서도 계속 감정적으로 노래하고, 춤추고, 기도했다.

우리는 앞서 부르짖는 기도의 성경적 출처를 읽었다.

부르짖는 기도는 성경이 반복해서 강조하고 있는 기도 방법이라는 사실을 알고 있다. 그런데 그 감정적 표현에 반감을 갖는 사람들은 얼마든지 있을 수 있음을 잊기 쉽다.

그런 이들은 주로 이성적이고 차분하고 침착하지만 열정은 부족하다. 그들은 간혹 비성경적이라고 비난한다. 기도하면서도 흥분에 빠지지 않는 것을 선호한다.

기복신앙적이다.
부르짖는 기도 내용은 대부분 문제 해결과 관련이 있다. 울부짖는 기도자들에게는 자신의 문제든 지인의 일이든, 죽을 일들이 많다. 부르짖어 기도하는 사람은 마치 덫에 걸린 짐승이 살려고 발버둥 치며 소리 지르는 모습과 비슷하다. 죽을 일 없는 사람의 눈에는 미친 사람처럼 보일 수 있다.

기도에 감정을 싣는 것에 대한 거부감은 주로 죽을 일 없는 평탄한 인생에게 있다. 그런 사람들은 주로 부르짖는 모습의 문제점들을 분석한다. 그래서 부르짖는 내용에 대해서도 지적을 아끼지 않는다. 예를 들어, '기도란 성경에 쓰여 있는 대로 하나님이 원하시는, 보다 더 고상한 문제들을 이뤄 달라는 내용으로 해야 하는 것'이라는 식의 설명이다.

하지만 앞서 살펴본 것처럼, 성경은 염려를 기도와 연결 짓는다(빌 4:6). 예수 안에서 하나님의 자녀가 된 기도자들은 얼마든지 자기 문제를 가지고 부르짖을 권한이 있다.

당신은 부르짖는 기도가 기복신앙적이라는 공격 앞에서 일일이 대처할 필요가 없다. 더욱 확신하고, 문제를 강력하고 열정적 기도로 돌파하라. 눈물이 찬양으로 바뀔 때까지 더욱 울부짖어라.

타인의 기도에 방해가 된다.

어떤 경우에도 이성을 잃지 않는 사람들이 있다. 그런 이들의 기도는 대부분 조용하다. 그들의 귀에 부르짖음은 방해가 된다. 조용한 기도는 부르짖는 기도보다 소음에 취약하다.

독서실을 생각해보면 쉽다. 누군가는 소리와 완전히

차단된 곳에서 공부한다. 그런 이들은 작은 소리에도 큰 방해를 받는다. 그러나 또 다른 이는 화이트 노이즈(백색 소음)를 필요로 한다. 카페나 학교 건물 로비에서 공부하는 이들은 오히려 집중을 위해 소리가 필요하다.

부르짖는 기도의 목적은 조용히 기도하는 사람들을 바꾸는 데 있지 않다. 그러므로 방해자들을 찾아다니며 설득하지 말고, 그 시간에 더 기도할 일이다.

자신의 목소리에 방해받는 사람이 없는 곳, 부르짖어 기도할 수 있는 장소로 이동하라. 기도에 집중하기 위해 누군가는 조용한 곳을 찾는다면, 부르짖는 기도자들은 마음껏 시끄러워도 되는 장소를 찾아가면 된다. 계속 부르짖어 기도하는 데 집중하라. 시끄러워도 되는 한적한 곳으로 가라.

> 무리를 보내신 후에 기도하러 따로 산에 올라가시느니라 저물매 거기 혼자 계시더니 마 14:23

고상하지 않은 기도다.
이것은 사실이다. 부르짖는 기도는 막무가내다. 울부

짖는 사람이 어떻게 고상할 수가 있겠는가. 고상하지 않은 기도라는 공격 앞에서 흔들린다는 건 아직 살만하다는 뜻이다. 하나님 앞에서 큰 도움(?)이 필요 없다는 뜻이다.

예수님을 향해 부르짖었던 가나안 여인을 떠올려보라. 제자들은 "그 여자가 우리 뒤에서 소리를 지르오니 그를 보내소서"(마 15:23)라고 만류했다. 그런데도 그녀는 멈추지 않았다. 왜냐면 자식 문제로 고상하려 해도 고상할 수가 없었기 때문이다.

> 가나안 여자 하나가 그 지경에서 나와서 소리 질러 이르되 주 다윗의 자손이여 나를 불쌍히 여기소서 내 딸이 흉악하게 귀신 들렸나이다 하되 마 15:22

또 다윗왕의 예배가 미갈의 눈에 유치하고 천박했던 것도 떠올려보라. 신하도 아닌 왕이, 이유가 뭐든 기쁨에 취해 "춤추며 뛰놀"다니!(대상 15:29). 이 모습을 보던 미갈은 왕이 체통 없이 하는 행동에 경악했고, 업신여기며 지적했다.

다윗이 자기의 가족에게 축복하러 돌아오매 사울의 딸 미갈이 나와서 다윗을 맞으며 이르되 이스라엘 왕이 오늘 어떻게 영화로우신지 방탕한 자가 염치없이 자기의 몸을 드러내는 것처럼 오늘 그의 신복의 계집종의 눈앞에서 몸을 드러내셨도다 하니 삼하 6:20

미갈은 다윗의 아내였다. 만약 하나님 앞에서 춤추는 일이 배우자의 눈앞에서조차 꼴사나웠다면, 부르짖는 기도자의 모습이 타인의 눈앞에서 어떻겠는가. 부르짖어 기도하는 것을 누군가 업신여겨도 놀랄 일이 아니다. 오히려 당연한 일이다. 처지를 바꿔놓고 생각해보라. 얼마나 유치하고 천박해 보이겠는가.

그러니 흔들리지 말고, 계속 기도하라. 예수님을 향해 남보다 더 간절했던 가나안 여인이나 하나님 앞에 남보다 더 기뻤던 왕처럼 더욱 부르짖어라. 부르짖으면 원래 고상할 수 없다. 사람 앞에서 고상해지려 하지 말고 하나님 앞에서 더욱 부르짖어라.

6

부르짖는 기도를
자녀에게 가르쳐야 해

내가 너희에게 분부한 모든 것을

가르쳐 지키게 하라…

마 28:20

유산

나는 어머니에게 예수님을 물려받았다. 그 분은 예수님이 누구신지를 내 인생의 시작부터 알려주셨다. 그 분의 신앙교육은 태교부터였다. 배 속의 아기에게 성경을 읽어주고, 기도와 찬양 소리를 들려주는 것부터 였다.

해산 후에도 교육 내용은 변함없었다. 성경책을 그대로 읽어주고, 예배며 기도회에 나를 데려가셨다. 특히 부르짖어 기도하는 모습을 자주 보여주셨다. 어머니는 눈이 오나 비가 오나 정해진 시간이 되면 기도하셨다. 그 시간 외에도 자주 기도하셨다.

어머니는 어디서든 기도하셨다. 화장실이나 부엌에서도, 방이나 버스 정류장 의자에서도 기도를 멈추지 않으셨다. 또 언제든 찬양하셨다. 밥 지으면서, 빨래하면서, 일하면서 계속 중얼중얼 찬양하셨다. 나는 그 분을 따라 했다. 신앙 전수는 자연스러웠다.

매일 듣던 성경 말씀은 모두 예수님 이야기였다. 창세기부터 계시록까지 반복해서 듣고 또 듣다 보니 귀에 익었다. 나도 어려서부터 성경 전체를 하나의 이야기로 말할 수 있었다.

또 어머니처럼 기도했다. 언제 어디서고 중얼대며 찬양했고, 기도도 흉내 냈고, 울부짖었다. 그러다 보니 단단해졌다. 흔들리지 않는 믿음을 얻었다. 어머니의 교육을 통해 예수님은 피상적 존재가 아니라, 내 몸의 일부가 되셨다. 내 육체의 세포 분열 단계부터 어머니를 통해 새겨진 사랑의 습관들이 모여, 예수님을 향한 믿음이 되었다.

부르짖어 기도하는 아빠

시간이 지나 내게도 자녀가 생겼다. 두 명이나 얻었

다. 그들을 너무 사랑한다. 그래서 무엇이든 주고 싶다. 아니, 가장 귀한 것을 주고 싶다.

성경을 보면 무엇이 가장 귀한 것인지 나온다. 예수님이시다. 그분은 죄의 문제를 해결하여 하나님과 원래의 관계로 회복시키시는 구원자시다(골 1:20-22). 그분은 영적으로는 하나님 사랑의 확증이시고, 물리적으로는 온 우주 만물보다도 더 가치 있으신 분이다(롬 5:8, 골 1:14-17). 나는 사랑하는 자녀들에게 예수님을 물려주고 싶다.

어머니에게 예수님을 전해 받은 나는 사랑의 빚이 있다. 효도는 못 해드려도, '내리사랑'으로라도 갚고자 하는 소원이 있다. 하나님께서 내게 주신 두 딸에게 예수님을 계속 전하고 싶다.

딸들은 참 신기하다. 부모를 학습한다. 유심히 관찰하며, 아빠의 모든 것을 따라 한다. 예를 들어, 급히 물을 마시다가 쿨럭대는 것, 양치질할 때 헛구역질하는 것, 심지어 잠꼬대까지도 다 따라 한다. 아이들은 보고 배우는 일을 타고났다.

내가 딸들에게 예수님을 전할 방법은 많고 많다. 교회에서 좋은 교회학교 환경을 만들어주거나 양질의 미디어 성경 콘텐츠를 제공해줄 수도 있다. 하지만 어머니를 통해 내가 배운 바, 세상 어디도 부모가 직접 몸으로 보여주는 것보다 더 효과적인 교육 콘텐츠는 없다.

게다가 예수님을 믿는 아빠를 보여주는 일은 나만 할 수 있는 일이다. 그것은 내가 딸들에게 줄 수 있는 최선의 선물이기도 하다. 가장 귀한 예수님을 전하는 가장 선한 방법은 보여주는 데 있다.

내가 너희에게 행한 것 같이 너희도 행하게 하려 하여 본을 보였노라 요 13:15

나는 딸들에게 예수님을 보여주고 싶다. 다른 누군가가 믿는 예수님이 아니라, "사랑하는 아빠가 믿는 예수님"을 보여주고 싶다. 예수님을 삶으로 보여주는 건 어려운 숙제다. 한두 번쯤 꾸며댄다고 가능한 업무가 아니다.

존재가 예수화 되어야 가능하다. 이 일을 위해 나의 일거수일투족이 예수님을 닮아야 한다. 그러나 내 진짜 모습은 예수님과 거리가 너무 멀다. 내 딸들은 내 꾸며진 모습을 거의 못 본다. 그들은 아빠인 내 평소 모습, 먹고 자고 일어나는 진짜 모습을 날마다 관찰한다. 진짜 나는 아직도 예수화 되지 못했다. 큰일이다. 아이들은 빨리 크는데, 내 신앙 성숙은 더디기만 하다.

그렇다고 포기할 수 없다. 딸들은 하나님이 내게 맡기신 소중한 인생들이다. 내 인생을 다 바쳐서 예수님을 전하더라도 아까울 게 전혀 없다. 다행히 여기에 문제 해결을 위한 지혜가 있다. 부르짖어서 기도하면 된다. 이상적인 신앙인의 모습을 보여주기에 미흡하다면, 그 모자람 때문에 예수님을 열정적으로 의지하는 상태를 보여주면 될 것이다.

그때 아이들은 내 현재 모습보다, 내가 간절히 바라는 예수님을 쳐다볼 거다. "아빠는 항상 예수님을 간절히 찾고 찾으셨어!" 정도는 학습할 수 있을 것이다!

다른 건 몰라도, 아이들에게 예수 결핍에 대한 안타

까움은 보여줄 수 있다. 하나님의 의가 되시는 예수님을 향한 영적 갈증과 허기를! 예수님의 이름으로, 하늘 아버지를 향해, 육신의 아빠가 자신의 저급한 믿음 상태에 대해 몸부림치며 부르짖는 것을. 이것이 나의 진정성이자 최선이다.

예수님을 믿는다는 것

우리는 예수님에게 집중하는 모습을 보여줄 때, 예수님을 믿는 삶을 전수할 수 있다. 여기에 신앙교육의 두 요소가 있다. 하나는 본을 보여주는 것이고, 다른 하나는 그분께 집중하는 모습을 갖는 것이다.

우선, 성경은 우리에게 모범 보이기를 통한 신앙교육을 요구한다(살전 1:7, 벧전 5:3). 지난 이천 년간 우리 믿음의 선배들이 본을 보여주셨다(히 11:1-40). 그것이 아니었다면, 우리는 예수님을 믿는다는 것이 어떤 모습인지 알 길이 없었을 것이다.

한편, 예수님을 믿는다는 건 예수님에게 집중할 때

보여줄 수 있다. 여기, 그분께 집중했던 사람들이 있다. 물에 빠져가던 베드로도, 딸을 고쳐 달라던 가나안 여인도, 길가의 두 시각장애인도 예수님에게서 예수님만 봤다.

그들은 예수님에게 집중하느라 환경도 뛰어넘었다. 베드로는 검은 물결보다 예수님을 봤고(마 14:27-32), 가나안 여인은 제자들의 만류에도 예수님께 집중했으며(마 15:23-25), 길가의 두 시각장애인은 군중의 꾸짖음에 개의치 않고 예수님만 바랐다(마 20:30-34).

그들의 집중력은 대단했다. 각자의 문제와 예수님 사이에 있던 방해 요소는 그 집중력 앞에서 아무것도 아니었다. 예수님에게 집중하는 그들의 방법은 모두 부르짖는 기도였다. 베드로도 가나안 여인도, 그리고 두 시각장애인도 모두 부르짖어 간구했다. 구원을 간청했다.

우리는 신앙 전수의 임무가 있는 크리스천이다. 구약부터 오늘날까지 다음세대를 신앙으로 섬기는 건 하나님이 주신 사명이다(신 6:7, 마 28:20). 이 일은 예수께 집중하는 부르짖음의 모범을 통해 가능하다.

소원

책을 마무리하며, 내 꿈을 당신에게도 전하고 싶다. 당신의 인생에 예수님보다 귀한 건 아무것도 없다. 그런데도 예수님 외의 것들로 늘 소란한 마음 상태라면 부르짖는 기도를 꼭 권하고 싶다.

부르짖는 기도는 예수님께 집중하는 가장 성경적인 기도 방법이다. 모든 문제를 뒤로하고 큰 목소리로 간절히 주님의 구원을 요청해보자. 가장 성경적이며, 전통적이고, 효과적인 신앙의 방법으로 함께 기도하자. 마치 "내 인생에 예수님 외에는 아무도 없다"라는 사람처럼 기도해보자. 기도하다 죽을 것처럼 굴어보자.

또 자녀들에게는 부르짖어 기도하는 기도꾼 부모가 되어주자. "예수님이 누구시기에 엄마 아빠는 저렇게 매일 울부짖을까?"라며 궁금해하는 대상이 되어보자. 육신의 자녀뿐 아니라, 영적 자녀들을 위해서도!

눈물의 기도꾼이 되어

나는 한 지역교회에서 청년기를
사역자로 지냈다.
그러다 개척 비전을 나누었을 때,
그들은 파송교회를 자처해주셨다.
그리고 지원을 시작하셔서 오늘까지
변함없는 사랑의 섬김으로 함께하신다.
그들의 섬김은 눈물겹다.
벌써 십 년도 넘었지만
아직도 예배 때마다 함께 기도해주신다.
일 년에 두 번씩 내가 사역 보고도
진행할 수 있도록 강대상도 내어 주신다.

그때마다 기도 권사님들이
버선발로 뛰어나오신다.
내 손을 꼭 잡아주시거나 안아주신다.

한번은 한 은퇴 권사님이 울먹이며 물으셨다.
"아이고, 우리 송 목사님,
요즘 교회에서 보기가 왜 그렇게 힘들어?"
그 사랑의 목소리에 나도 울컥했다.
"네, 권사님. 죄송해요. 더 자주 찾아뵐게요."
권사님이 꼭 내 등을 쓰다듬으며 격려해주신다.
"내가 씨~~~게 기도하고 있응께, 염려 말고, 전진햐."

그리고 눈물을 글썽이며 교회 로비에서 잡은
격려의 손을 예배당 자리에 앉을 때까지
놓아주지 않으셨다.

그곳에 가면, 같은 자리에서
수십 년째 울부짖으며
기도하는 권사님들이 계신다.

지금은 기력이 약해져서 예전처럼
큰 소리로는 아니지만
여전히 눈물 많고 소원 많은
기도꾼들이 교회에 계신다.

21세기 선교적 교회 개척 현장의
엔진이 거기에 있다.
20세기에 부르짖는 모범을 보이신 분들,
오늘날까지 한결같은 모습으로
영향력을 끼치고 계신 기도꾼들이
다음 세대의 엔진이고 소망이다.
교회의 역사는 교회 기도꾼들의
눈물을 통해 드러난다.

새벽마다 밤마다 울며 부르짖는
기도자들이 곳곳에 있다.
그분들의 기도 덕에 나도 소명 실행 중이다.

한국 교회는 소망이 있다.
대부분의 교회에 기도 눈물이
수십 년씩 쌓여 있다.
이 나라와 민족을 위해,
또 교회와 세계 선교를 위해
기도하고 또 기도한 분들의
짠내 나는 눈물과
쩌렁쩌렁한 목소리가 배어 있다.

지역교회에 들어서면 정신이 번쩍 난다.
나는 그분들보다 더 부르짖어야겠다.
예수님에게서 예수님만 보는
교회의 시대를 만들어달라고
더 외쳐야겠다.

너는 내게 부르짖으라 내가 네게 응답하겠고
네가 알지 못하는 크고 은밀한 일을 네게 보이리라

렘 33:3

나의 부르짖는 기도 노트

부르짖는 기도의 비밀

초판 1쇄 발행	2023년 6월 30일
지은이	송준기
펴낸이	여진구
책임편집	김아진
편집	이영주 박소영 최현수 안수경 김도연 정아혜
책임디자인	노지현 | 마영애 조은혜 이하은
홍보 · 외서	진효지
마케팅	김상순 강성민
마케팅지원	최영배 정나영
제작	조영석
경영지원	김혜경 김경희 이지수

303비전성경암송학교 유니게 과정 박정숙
이슬비전도학교 / 303비전성경암송학교 / 303비전꿈나무장학회

펴낸곳   규장

주소 06770 서울시 서초구 매헌로 16길 20(양재2동) 규장선교센터
전화 02)578-0003   팩스 02)578-7332
이메일 kyujang0691@gmail.com
홈페이지 www.kyujang.com
페이스북 facebook.com/kyujangbook
인스타그램 instagram.com/kyujang_com
카카오스토리 story.kakao.com/kyujangbook
등록일 1978.8.14. 제1-22

ⓒ 저자와의 협약 아래 인지는 생략되었습니다.
이 출판물은 저작권법에 의해 보호를 받는 저작물이므로 무단 전재와 무단 복제를 할 수 없습니다.

책값   뒤표지에 있습니다.
ISBN 979-11-6504-448-0 03230

규 | 장 | 수 | 칙

1. 기도로 기획하고 기도로 제작한다.
2. 오직 그리스도의 성품을 사모하는 독자가 원하고 필요로 하는 책만을 출판한다.
3. 한 활자 한 문장에 온 정성을 쏟는다.
4. 성실과 정확을 생명으로 삼고 일한다.
5. 긍정적이며 적극적인 신앙과 신행일치에의 안내자의 사명을 다한다.
6. 충고와 조언을 항상 감사로 경청한다.
7. 지상목표는 문서선교에 있다.

하나님을 사랑하는 자 곧 그의 뜻대로 부르심을 입은 자들에게는 모든 것이 合力하여 善을 이루느니라(롬 8:28)

Member of the
Evangelical Christian
Publishers Association

규장은 문서를 통해 복음전파와 신앙교육에 주력하는 국제적 출판사들의
협의체인 복음주의출판협회(E.C.P.A:Evanelical Christian Publishers
Association)의 출판정신에 동참하는 회원(Associate Member)입니다.